10,000 Lettres d'impression pour 1 centime.

BIBLIOTHÈQUE POUR TOUS
ILLUSTRÉE
ROMANS, HISTOIRE, VOYAGES, LITTÉRATURE, SCIENCES, ETC.

CHAQUE OUVRAGE COMPLET : 50 CENTIMES.

LA
MARCHANDE DU TEMPLE

PAR

MAXIMILIEN PERRIN

Prix : 50 centimes

60 CENTIMES POUR LES DÉPARTEMENTS ET L'ÉTRANGER.

PARIS
LIBRAIRIE CENTRALE, BOULEVARD DES ITALIENS, 24

ÉCRIVAIN ET TOUBON, 5, RUE DU PONT-DE-LODI. | CHORLIEU ET HUILERIE, 10, RUE GIT-LE-CŒUR

ET CHEZ TOUS LES LIBRAIRES DE PARIS, DES DÉPARTEMENTS ET DE L'ÉTRANGER

N° 157. — Publiée par J. Lemer.

PARIS, LIBRAIRIE CENTRALE, BOULEVARD DES ITALIENS, 24

LÉCRIVAIN ET TOUBON
5, RUE DU PONT-DE-LODI

CHORLIEU ET HUILERY
10, RUE GIT-LE-CŒUR

BIBLIOTHÈQUE POUR TOUS
PUBLIÉE PAR J. LEMER

LA marchande du TEMPLE

PAR

MAXIMILIEN PERRIN

I — LE QUARTIER BRÉDA

— Eh mais, le diable m'emporte! c'est l'ami Melville, le plus aimable de nos roués passés, présents et futurs? — Tiens, Flandin! D'où sors-tu, original? depuis un grand siècle que ton grotesque personnage s'est dérobé à nos joies, à nos voluptueuses orgies?

Ainsi s'interrogeaient, en se serrant la main, après s'être rencontrés sur l'asphalte du boulevart des Italiens, à la deuxième heure du jour, deux jeunes gens à la mise élégante, l'un ayant nom Alexis Melville, vingt-cinq ans d'âge, d'une figure agréable encadrée d'une barbe noire touffue et des mieux soignées, aux allures distinguées, et maniant avec aisance un beau jonc dont la pomme d'or sculptée n'altérait en rien la fraîcheur intacte de ses gants beurre frais; l'autre, M. Zéphirin Flandin, âgé de vingt-cinq ans, petit homme au visage rond, réjoui, animé, surmonté d'une chevelure d'un blond douteux et frisée, au corps trapu, aux épaules larges, et des mollets de douze pouces de circonférence.

— Que parles-tu d'orgies, Melville? arrière ces joies profanes, ami; fi de ces conquêtes d'autrefois, de ces femmes, de ces beautés faciles, à qui cependant je suis redevable de bien doux moments, mais que depuis six mois j'ai chassées de mon cœur et de ma tête. Melville, cher ami! parle-moi désormais d'une vie douce et paisible, des joies de la famille, enfin du bonheur de devenir époux et père. — Peste! quelle homélie me débites-tu là, Flandin? Est-ce que par hasard, mon bon, tu te serois fait empailler avant l'âge, contrairement aux joyeuses doctrines que je me suis plu à t'enseigner? Flandin, mon bonhomme, nous serions-nous marié en sournois? — Marié, pas encore, mais j'y songe, j'y songe horriblement, et marche à grands pas vers ce but moral et sérieux. Telle est, Melleville, la cause unique qui, il y a six mois, me fit déserter subito, et en tapinois, la société tant soit peu décolletée, et celle de nos nombreux amis et amies. — Flandin, qu'oses-tu m'apprendre, ingrat? Toi, mon élève favori, toi, dont je m'étais plu à former le cœur, toi, redevable à mes excellents principes, de la gloire Cythéréenne, tu te muries, malheureux! ah! c'est mal, c'est ignoble! Va, je te renie, ingrat, fit Alexis Melville d'un ton comique et sentencieux. — Tant qu'il te plaira, mon cher, mais si, comme moi, dans une bonne cousine à la mode de Bretagne, tu avais fait la rencontre d'un ange de beauté, de douceur, de perfection, affligée de vingt-cinq mille francs de rente, je suis convaincu d'avance qu'à mon exemple, ami, tu aurais renoncé à Satan, à ses pompes et à ses œuvres pour filer, ainsi que moi, aux pieds de cette Omphale en échange de son amour et du don de sa main précieuse et jolie. — Vingt-cinq mille francs de rente! de la beauté, de la douceur! J'avoue, Flandin, qu'en présence de semblables arguments, je suis presque tenté de t'excuser, de t'approuver même?... Ah çà, dis-moi, où diable as-tu fait si précieuse et rare trouvaille? — En étudiant attentivement ma généalogie, dont la filière me guida vers une branche éloignée, entièrement ignorée de moi jusqu'à ce jour, et dans laquelle je découvris un mien petit-cousin de mon père, ayant nom Blangi, ancien gros négociant de la Havane, revenu il y a cinq ans en France pour y trouver et laisser une veuve et une fille millionnaires et inconsolables. — Dernière qualité qui sans doute n'a pas manqué d'éveiller en toi l'amour de la parenté? dit Alexis en riant. — Eh bien, oui, j'avouerai que, ne possédant qu'un minime revenu de 6,000 francs, l'espoir d'un riche mariage éveilla mon ambition, me fit entreprendre de longues et fatigantes recherches, et découvrir enfin, dans une riche et champêtre habitation située non loin de Saint-Germain, la bienheureuse famille que je poursuivais sans relâche depuis deux mois, où je reçus l'accueil le plus empressé, comme le plus gracieux de la part des deux uniques personnes qui la composent, c'est-à-dire d'une vieille et bonne grand'mère, madame veuve Blangi, et de sa petite-fille, la jolie et douce Alice, âgée de 17 printemps, et orpheline depuis dix ans.

— Occasion superbe que tu n'as eu garde de laisser échapper en t'empressant d'endoctriner aussitôt l'aïeule par des manières doucereuses et hypocrites, puis le tendron par des propos galants? Comme tu le dis, mon cher, vu qu'une fille jeune, belle et riche, est une chose rare et précieuse, conviens-en? — Oui, certes! mais dis-moi? fidèle à mes leçons, as-tu su conquérir et emporter d'assaut le cœur de ce jeune et précieux tendron? — Je crois être adoré, parole d'honneur, mon cher, répliqua Flandin d'une mine joyeuse et triomphante. — Ah! tu ne fais que de le croire. — Que veux-tu? Les femmes cachent si bien leur jeu; puis Alice est si timide qu'elle n'ose m'avouer le secret de son cœur; mais le point principal est que je suis au mieux avec la grand'maman, qui raffole de moi et m'a permis d'espérer, si j'étais assez heureux pour me faire aimer. Mais brisons sur ce chapitre, et dis-moi à ton tour ce que tu deviens, ce que tu fais, ajouta Flandin curieusement. — Mais, mon cher, je m'efforce de vivre heureux et content, en dépensant le plus agréablement possible les quinze mille livres de rente que m'a laissées un mien parent, en se laissant mourir il y a cinq mois, reprit Alexis vivement. — Ah! tu as hérité! tant mieux, car il était grand-temps, grâce à la manière expéditive avec laquelle le beau sexe a su te débarrasser du patrimoine que te tenais de la famille. Et sans doute que, possesseur d'une nouvelle fortune, tu mènes de nouveau la vie joyeuse et en partie double? — Erreur, mon cher Flandin, car, dupe jadis de la perfidie des femmes, de la coquetterie des femmes, j'ai renoncé au monde, aux plaisirs bruyants, pour vivre en paix et heureux. — En vérité! tu es changé à ce point? Eh bien! mon bon, je t'en fais mon sincère compliment. Touche-là! fit le petit homme en pressant la main de son ami avec confiance et amitié; puis reprenant aussitôt : Çà, au revoir et à bientôt, Melville, car je suis attendu à Marly, chez ma cousine madame Blangi, et l'heure me presse. A propos, donne-moi donc ton adresse, afin d'aller te voir. — Rue des Trois-Frères, 7. Et la tienne, cher ami? — Toujours la même, rue Saint-Florentin, 12. Adieu donc, mon très-bon, car de ce pas je cours, je vole où m'appellent la beauté et la fortune.

Les deux jeunes gens se séparèrent, Flandin, pour se diriger vers la rue Saint-Lazare, afin d'y prendre le chemin de fer de Saint-Germain; et Alexis, pour gagner la rue Neuve-Saint-Georges, où il pénétra dans une maison d'une riche apparence, et, s'adressant au concierge :

— Est-elle rentrée? fit-il.

Et, sur une réponse affirmative, Melville s'élança sur la montée, et, parvenu au premier étage, agita vivement le cordon d'une sonnette, au bruit de laquelle accourut ouvrir une jeune et fringante soubrette.

— Où est Régina? s'informa Alexis d'une voix brève à la chambrière. — Madame est dans son boudoir, monsieur.

Et sur cette réponse, le jeune homme de se diriger à travers plusieurs pièces élégamment meublées vers la porte dudit boudoir.

— Ah! c'est vous, Alexis? C'est heureux! car voici deux heures que vous me faites attendre, dit avec humeur une femme jeune et jolie, étendue mollement sur une chaise longue et soyeuse. — Ma foi, ma chère, accuse de ce regard non mon insouciance, mais bien la rencontre inattendue d'un mien ami, original, assez bonne pâte, que depuis six mois j'avais perdu de vue. — Cet homme est-il riche? demanda Régina. — Non, mais cependant assez pour m'avoir obligé jadis, largement même. — Et ne le peut-il encore? — Pour le présent j'en doute; mais dans peu, lorsqu'il aura terminé le riche mariage qu'il est sur le point de conclure, je puis tout espérer de sa généreuse amitié. — Il sera donc riche alors? demanda Régina. — Certes, mais de la dot de sa femme qui lui apporte, dit-il, en mariage vingt-cinq mille francs de rentes. — Vingt-cinq mille francs de rentes! Peste! cet homme est donc un Antinoüs! une perfection, pour qu'une femme le prenne à un si haut prix? fit Régina en riant. — C'est le plus laid magot que je connaisse. — Alors c'est donc à son esprit, à ses hautes capacités, qu'il est seul redevable d'une pareille aubaine? — Pas le moins du monde, ma chère Régina, car l'ami Flandin n'est rien moins qu'un génie; mais le hasard, qui trop souvent protège les sots au détriment des gens d'esprit, a jeté sur les pas de cet homme une jeune et riche héritière, l'innocente orpheline dont il convoite en ce moment la main et la fortune. — C'est ainsi, Melville, qu'il vous faudrait rencontrer une femme qui s'empressât de réparer envers vous le tort de dame fortune. Que ne cherchez-vous? peut-être trouveriez-vous, disait Régina en souriant, et tout en se levant pour venir se placer câlinement sur les genoux d'Alexis, étendu dans un grand fauteuil Pompadour, et entourer le cou du jeune homme de ses bras caressants. — Moi, me marier! fi donc! Tu sais bien, Régina, que toute autre femme que toi me serait insupportable, et que je ne puis aimer d'amour que la seule personne au monde. — Eh bien! s'il est vrai que tu m'aimes ainsi, empressé de me complaire, tu n'as pu résister le désir que je t'ai manifesté hier, celui d'acquérir ce charmant chachemire des Indes que je raffole, et que doit m'apporter aujourd'hui même madame Rabouleau, cette marchande du Temple chez laquelle je me fournis parfois. — En effet, je me souviens que vous deviez payer ce chiffon, il s'agit de cinq cents francs maudits, pour lesquels j'ai couru la matinée entière sans pouvoir me procurer, tant est à sec la bourse de mes amis et mon crédit usé. — Quoi vous ne rapportez pas cette somme? et faute d'une pareille misère, je verrai s'échapper une aussi belle occasion d'acquérir pour cinq cents francs un châle du prix de deux mille francs!... Que signifie cela, Melville? Êtes-vous ruiné au point de ne pouvoir plus satisfaire les caprices de votre maîtresse? dit Régina d'un ton aigre, après s'être échappée des bras d'Alexis, et en fixant sur lui un regard où se peignait le plus violent dépit. — Eh bien oui, ma chère! plus le sou, plus d'expédients, enfin misère complète, grâce à nos jolies mondaines, et en particulier à toi, joli démon, à ton exigence, à tes caprices excentriques, qui ont hâté ma ruine; mais ton amour, ta possession me restent, et je ne regrette plus rien! répliqua gracieusement Alexis en se levant pour essayer de saisir Régina qui, par un brusque détour, échappa à cette étreinte. — Ruiné! ruiné! Mais déjà vous l'étiez aux trois quarts, mon cher, lorsqu'il y a quelques mois, je fis votre connaissance à Mabille, et pour n'être qu'à vous, j'eus la faiblesse de congédier mon fils d'agent de change, petit bonhomme aussi généreux que niais, à l'amour de qui je suis redevable du mobilier que je possède aujourd'hui. — Oui, ce riche mobilier, notre unique fortune. Si nous le vendions, Régina ?... — Par exemple ! fit la jeune femme avec surprise et dédain. — C'est pourtant le seul et vrai moyen de nous procurer les cinq cents francs qui te sont nécessaires aujourd'hui, ainsi que cinq cents autres qui ce soir, au cercle clandestin de la Ganordie, me permettraient de tenter la fortune autour du tapis vert. — Encore le jeu, toujours cette maudite passion ! Alexis, vous êtes incorrigible. — Par amour pour toi, ma reine, que je voudrais inonder d'or et de pierreries, dit Melville joyeusement, tout en s'emparant de force de la jolie tête de Régina pour ensuite déposer un baiser bruyant sur ses lèvres. — Melville, m'aimes-tu autant que tu le dis ? demanda Régina d'un ton sérieux. — Plus encore. — Eh bien ! reprit la jeune femme il faut te marier. — Avec toi ?... — Non, mais avec la jeune fille dont ce Flandin t'a parlé, et par ce mariage nous assurer une fortune, un sort heureux. — Malpeste ! l'idée est originale, et j'en saisis toute l'étendue. — Melville, il me faut cette fortune ! te sens-tu capable de l'acquérir ? demanda Régina avec fermeté. — Je crois que oui. — Va donc, reprit Régina.

Un coup de sonnette se fit entendre et la chambrière vint un instant après annoncer la mère Rabouleau, la fournisseuse de Madame.

— Quel malheur ! c'est mon cachemire qu'elle m'apporte, et je ne puis le payer ! n'importe !... Julie, fais entrer, et vous, Alexis, passez m'attendre dans ma chambre à coucher.

Melville venait de s'éclipser, d'après l'avis de Régina, lorsque la porte du boudoir s'ouvrit de nouveau pour donner entrée à une grosse femme aux traits communs, mais réjouis, coiffée d'un ample bonnet de dentelle orné d'une quantité de rubans multicolores, laquelle, un carton sous un bras, le poing sur la hanche gauche, s'avança d'un air délibéré et en balançant mollement son torse d'une manière tant soit peu cancanière.

— Salut, ma petite ; ça va bien ce matin ? fit la Rabouleau, tout en déposant son carton sur un meuble pour ensuite venir s'asseoir sans façon et côte à côte sur le même siège que Régina. Merci, mère Rabouleau, la santé est bonne, seulement on éprouve de la contrariété, répondit la jeune femme en s'efforçant de donner à ses traits une expression de tristesse. — De la contrariété ? je connais ça, moi, surtout dans mon chien de métier, où chaque chaland se fait un jeu de nous damer le pion, ce qui veut dire nous faire la queue de ce pauvre argent qu'on a tant de peine à gagner. Mais parlons peu et parlons bien, mon ange... Dieu ! que vous êtes belle aujourd'hui ! quel amour de femme vous faites, allez !... Ah çà, je vous apporte ce joli Thibet en question, vrai cadeau que je vous donne pour un pauvre morceau de pain, un rien, foi de femme Hyacinthe Rabouleau, née Godard, qu'était le nom de feu mon brave homme de père, que Dieu garde.

Et parlant ainsi, la revendeuse, après avoir sorti le cachemire de son carton, le déployait, puis l'étalait, le drapait en plis onduleux, à la grande joie et tentation de Régina, qui, d'un regard qu'animait le désir, admirait la magnificence du précieux tissu.

— Hélas, fit Régina péniblement. — De quoi ! un soupir, ma chérie ? est-ce que par hasard notre pauvre petit cœur aurait du chagrin ? — Oui, et de bien gros même ! Ciel de Dieu ! quel tissu, les riches dessins ! comme c'est moelleux ! Maniez-moi ça... A propos, ma chère belle, vous parliez de chagrin ? vrai, ça me fend le cœur, quand je sais que de pauvres créatures du bon Dieu éprouvent de la peine. Voyons, contez-moi vos petits bobos. — Eh bien, ma chère Rabouleau, vous saurez que mon cœur saigne à la pensée que ce beau châle ne sera pas pour moi, les cinq cents francs que je vous avais promis pour ce matin ne m'étant pas rentrés. — Voilà, vous n'avez pas le sou ; or pas d'argent pas de Suisse, comme dit le proverbe. Fâcheux, fâcheux ! disait la revendeuse tout en fronçant le sourcil, et en repliant vivement son châle, au grand désappointement de Régina. — Ainsi, reprit cette dernière, votre confiance en moi, mère Rabouleau, ne va pas au-delà de l'argent comptant ? — Écoute, fifille, la Rabouleau, vois-tu, était une bonne diablesse pleine de la confiance et de bonne volonté, mais dont les pareilles ont tellement abusée, qu'à la fin, de mouton qu'elle était, elle s'est faite vieux renard, sans cesse le nez au vent et flairant au loin la mauvaise paie. — N'ai-je pas toujours tenu mes engagements envers vous ? interrompit Régina avec aigreur. — D'accord... Tout allait bien du temps de ton agent de change ; mais depuis que tu as eu la sottise de troquer la caisse de ce généreux petit roi, contre le cœur et l'amour d'un chevalier d'industrie qui te gruge sans scrupule, ta pratique, Fifille, ne vaut plus deux sous vaillant. — Ainsi, vous refusez de me vendre ce châle à crédit ? — C'est selon ; tout cela peut dépendre des suretés et garanties qui me seront offertes. — Dame ! ma signature d'abord. — Pour combien ? — Cinq cents francs ! — Ce n'est pas assez, j'en veux six cents. — Volontiers ! c'est donc marché fait ? dit Régina quasi joyeuse. — Six cents à trois mois ! — Soit ! fit la jeune femme. — Et pour garantie dudit paiement, une vente en bonne forme de ton mobilier. — Par exemple ! — Laquelle vente sera annulée de plein droit le jour de l'acquittement dudit effet de six cents francs.

— Allons donc ! un mobilier de dix mille francs en garantie d'une misère ! dit Régina. — Lequel mobilier mis en vente, n'en vaudrait pas quatre mille, sur lesquels il faudrait retirer les frais d'enregistrement, de vente, et payer à ton propriétaire cinq termes dus, dont la totalité est de dix-huit cents francs... Allons, est-ce dit ? dépêchons, je suis pressée, car mes chalands m'attendent au Temple. — Fort bien ! mais nous sommes tous mortels, et... — Je comprends, interrompit vivement la revendeuse ; mais si je venais à sauter le pas, je laisserais pour héritier de mon honneur et de mon petit boursicot, mon brave fils Étienne, et avec ce garçon là pas de crainte à avoir... Maintenant, ma chérie, c'est à prendre ou à laisser, répliqua la mère Rabouleau en se levant après avoir remis le fameux châle sous son bras. — Mon Dieu ! restez, mauvaise femme ; et puisqu'il faut en passer par où il vous plaît, terminons aussitôt ; car, sans ce châle dont j'ai annoncé l'acquisition, je n'oserais me montrer ce soir à Mabille. — Voilà qui est bien parlé. Je dois avoir sur moi certain papier timbré sur lequel, Fifille, tu vas me griffonner cette vente de ta main blanchette, signer, parapher, et cela bâclé, endosser ledit Thibet.

Cela dit, la mère Rabouleau sortit de sa poche un vieux portefeuille bourré de papiers de toutes espèces, en tira un timbre sur lequel, et sous la dictée de la revendeuse, Régina écrivit l'acte de vente en bonne forme de son riche mobilier, en échange duquel elle reçut le cachemire tant désiré.

— Voilà qui est bâclé ; au revoir, mon ange. Va, tu peux te vanter, Fifille, d'avoir fait un fameux marché.

Quelques paroles encore, puis la revendeuse prit congé de la lorette, qui, se voyant seule, courut aussitôt à la chambre où s'était retiré Alexis ; mais au lieu du jeune homme qu'elle pensait y trouver, ce fut un papier déposé sur une table qui frappa ses regards, papier dont elle s'empara vivement pour y lire ces mots tracés de la main de son amant :

« Ne compte pas sur moi aujourd'hui. Soumis à tes ordres comme à tes désirs, frappé de l'heureuse idée que tu m'as communiquée, je pars pour Marly, où, peut-être, m'attend la fortune pour prix d'un peu d'adresse ; la fortune ! comprends-tu, chère Régina ? enfin, ce qui nous manque à tous les deux pour être les amants les plus heureux de la terre. À demain donc des nouvelles ! je pars !... »

Cette lecture illumina d'une joie vive le visage si sévère parfois de la belle lorette qui, après avoir intérieurement formé des vœux pour le succès de l'entreprise, et voyant l'heure du soir venir, sonna sa femme de chambre pour passer à sa toilette, car ce jour-là c'était grande fête au Jardin Mabille.

II — PAUVRE AVEUGLE

Sur la terrasse d'une délicieuse maison à l'italienne, située non loin du village de Marly, et adossée à la forêt, au milieu d'un bosquet d'orangers, de lauriers-roses, de jasmins et de clématite qui tous à l'envi exhalaient leurs parfums suaves et enivrants, étaient assises deux femmes; l'une d'un âge avancé, aux traits nobles, beaux encore, et surtout empreints d'une douceur ineffable ; l'autre, belle, gracieuse, délicate et blonde, comptant à peine dix-sept ans, mais qu'un sort funeste avait dès sa naissance frappée de cécité, en conservant à ses beaux yeux tout le brillant, la vie et la pureté.

Au moment où nous les abordons, les deux dames étaient sérieusement occupées : la vieille, à faire à la jeune aveugle la lecture d'un feuilleton, et cette dernière, malgré son infirmité, à tricoter une bourse en fils de soie et or, tout en écoutant attentivement sa lectrice.

— Ne m'avais-tu pas dit, Alice, que le cousin Flandin viendrait nous voir aujourd'hui? fit la vieille dame après avoir fermé son livre. — Dame! grand'mère, il nous l'avait fait espérer en nous quittant il y a deux jours, répondit la jeune fille. — Quelques affaires l'auront sans doute retenu malgré lui à Paris.—Oui, grand'mère, peut-être!—Alice, avoue avec moi que ce Flandin est un excellent jeune homme. — Oui, grand'mère. — D'une complaisance, d'une bonté à toute épreuve, et qui nous aime!... — J'en conviens, grand'mère, mais...— Mais, quoi? fit la vieille dame en voyant hésiter Alice. — Je voulais dire que c'est bien dommage qu'il soit si laid.—Laid! laid! qui t'a fait ce conte-là, enfant? — Juliette, notre femme de chambre.—Après cela, j'avoue que Flandin n'est pas un Adonis; mais, c'est un homme tout comme un autre, ni bien ni mal, et des plus passables. — Grand'mère, Juliette soutient qu'il a les cheveux rouges, ce qu'on dit être très-vilain. — Rouges! non pas, par exemple... blonds foncés, tirant un peu sur le roux; mais cela n'est pas désagréable du tout... A propos! j'ai quelque chose à t'apprendre concernant ce cher cousin, petite. — A moi, grand'mère! Voyons, de quoi s'agit-il? dit curieusement la jolie fille en souriant et rapprochant tant soit peu son siège de celui de sa grand'mère. — Alice, Flandin, il y a huit jours, m'a demandé ta main. — Oh ciel! s'écria Alice douloureusement surprise. — Quoi! cette nouvelle t'affligerait-elle, enfant? — Oui, grand'mère, car je veux rester fille et toujours auprès de vous, où je suis si heureuse! répondit Alice en entourant son aïeule de ses bras caressants. — Mais, cher ange, il n'est nullement question de nous séparer, et le vœu du cher cousin est que nous vivions tous trois ensemble et en famille... Alice, pauvre enfant! réfléchis donc que, plus que toute autre! tu as besoin d'un bon et prudent protecteur, d'un mari qui te chérisse et veille sur toi comme un père. Enfant, songes-y: je suis bien vieille, et la mort peut me surprendre d'un moment à l'autre; que deviendrais-tu alors, seule au monde, sans soutien, sans conseils, toi, si jeune et si faible? — Grand'mère, pourquoi parler ainsi et nous affliger en vain? Oh non! vous ne mourrez pas, vous vivrez longtemps, toujours pour aimer et conduire votre pauvre petite aveugle, qui, après Dieu, n'aime rien tant que vous.—Oui, oui, je sais que tu m'aimes; aussi il faut être raisonnable, suivre mes conseils, et puisqu'un honnête homme, dont la probité m'est assurée, demande à devenir ton époux, ton ami, ton protecteur, eh bien! il faut accepter, et par reconnaissance le payer un peu de retour. — Grand'mère, ce que vous exigez là est impossible. Un mari pour moi, hélas! pour moi, pauvre aveugle, à qui cet homme, que je n'aime pas d'ailleurs, pourrait un jour reprocher mon infirmité, après que je serais devenue pour lui un objet de contrainte et de dégoût peut-être. Tenez, grand'mère, ne parlons plus de cela; et si, par malheur pour moi, il plaisait un jour à Dieu de vous rappeler à lui, eh bien! la pauvre Alice, si elle n'en mourait de désespoir, s'enfermerait dans un couvent, saint asile où elle prierait pour vous et pour elle le reste de ses jours.

La bonne vieille, attendrie, se disposait à répondre à l'enfant dont le cœur couvrait le visage de douces larmes, lorsqu'une servante vint annoncer un visiteur qu'elle reçut l'ordre d'introduire. Un instant après, et un beau jeune homme de vingt-quatre ans au plus, au maintien modeste et d'une mise décente, vint saluer respectueusement la mère et la fille.

— Ah! ah! c'est toi, Etienne? sois le bien venu. Comment se porte la brave mère, cette chère madame Rabouleau? dit la vieille dame, autrement dit madame Blangi, en accueillant le nouveau venu. — Ma bonne mère se porte à merveille, Madame, et m'a chargé de vous présenter ses salutations respectueuses, répondit Etienne Rabouleau d'une voix timide. — Asseyez-vous près de nous, Etienne. Vous nous apportez, n'est-ce pas, les étoffes dont grand'mère et moi avons été faire emplète hier dans votre magasin s'informa Alice. — Oui, Mademoiselle, j'ai été assez heureux pour qu'on me permit de vous les apporter moi-même aujourd'hui. — Pour mon compte, j'en suis enchantée, car tu es un honnête et brave jeune homme que j'aime à voir, Etienne, l'enfant d'un vieux serviteur de feu mon pauvre mari, oui, un enfant que j'ai vu naître et grandir sous mes yeux, dans notre colonie de la Havane, jusqu'au jour où, après avoir perdu son mari, et désireuse de revoir sa famille, ta mère nous quitta pour revenir en France avec toi. Sais-tu, Etienne, qu'Alice est presque une sœur pour toi? qu'enfant, tu partageais ses jeux et guidais ses pas avec complaisance.— Que je suis flatté, Madame, de l'honorable dénomination que vous daignez m'adresser, et combien il m'est agréable d'entendre votre bouche bienveillante me rappeler les doux souvenirs de mon enfance. — Oh! je n'en ai oublié aucun, moi, Etienne; ils sont tous là, dans mon cœur et dans ma tête; oui, je me souviens de nos pérégrinations vagabondes à travers les forêts et les savanes, où vous guidiez mes pas, me rendant la route unie et facile. Comme moi, Etienne, vous souvenez-vous encore de nos haltes sous les grands cocotiers, où, après une longue et fatigante promenade, nous venions chercher le repos et la fraîcheur de l'ombre? puis, de ce grand banc de mousse où vous me laissiez seule et tremblante, le temps d'aller cueillir les fruits que vous me rapportiez et que nous mangions ensemble? — Oui, Mademoiselle, oh! je me le rappelle! répondit Etienne ému et tremblant de bonheur, en fixant sur Alice un regard où se peignaient l'admiration et la douleur. — Combien j'aime à vous entendre ainsi jaser ensemble, mes enfants!... Etienne, il faut passer avec nous le reste de cette journée, cela fera plaisir à Alice ainsi qu'à moi. Qu'en dis-tu, mon enfant? — Tel est le plus cher de mes vœux, Madame, surtout en ayant obtenu la permission de mon patron. — Merci, Etienne de votre complaisance. Au moins, nous aurons le temps de causer tout à notre aise, dit Alice en présentant au jeune homme une main petite et charmante qu'il s'empressa, en rougissant, de presser dans les siennes en s'efforçant de dompter par un sourire, la violente émotion qui faisait en ce moment bondir de joie et de bonheur son cœur et sa poitrine.

Nos gens en étaient là de leur entretien lorsqu'au loin un nouveau personnage apparut, accourant à grands pas, et dans lequel madame Blangi reconnut Flandin, dont elle annonça la venue à sa fille, à Alice dont, à cette nouvelle, le charmant visage, de radieux qu'il était, devint subitement pensif et sévère.

— Salut et mille jolies choses à mes gracieuses cousines, fit d'un ton aimable Zéphyrin Flandin en se présentant tout essoufflé, en sueur, le visage écarlate, devant les trois amis rassemblés. — Bonjour, cousin; comme vous arrivez tard; vrai, Alice et moi nous désespérions de vous voir aujourd'hui, dit la bonne grand'mère avec le ton d'un aimable reproche. — Comment, Madame, vous étiez assez bonne pour vous apercevoir de mon absence? trop aimable cent fois, d'honneur! Et vous, belle petite cousine, comment va cette précieuse santé? — Bien, Monsieur; merci de votre bon intérêt, répondit Alice avec froideur. — Et parbleu! je ne me trompe pas, Monsieur est de nos connaissances, un des commis marchands du magasin des Trois-Quartiers, maison à laquelle j'ai donné ma confiance et ma pratique... Rappelez-vous, jeune homme, que dernièrement encore, vous m'avez servi vous-même un choix exquis de cravates du meilleur goût, dont une d'elles orne en ce moment mon cou, se mit à débiter Flandin après avoir lorgné Etienne. — En effet, Monsieur, je me rappelle avoir eu cet honneur, répliqua le jeune commis avec respect et modestie. — Le diable m'enlève! mon cher, si je m'attendais à trouver ici un de mes fournisseurs. — Que votre surprise cesse donc, Monsieur, en apprenant que ce bon Etienne Rabouleau fut mon ami, mon compagnon d'enfance, et que ma mère et moi lui avons voué toute notre estime, fit d'un ton ferme et sévère qui, en déroutant Flandin, le rendit encore plus rouge et plus laid; mais se remettant aussitôt : — Très-bien! très-bien, fit-il en présentant sa main à Etienne; touchez-là, Monsieur, et permettez-moi d'être aussi de vos amis. — J'accepte cet honneur, Monsieur, avec reconnaissance, répliqua Etienne en pressant la main de Flandin.

Laissons un instant nos gens causer entre eux; puis ensuite répondre par leur présence à la cloche du dîner qui les appelait au couvert, et retournons à Alexis Melville que nous avons laissé au moment où il se dérobait aux regards de la mère Rabouleau. Aussitôt enfermé dans la chambre à coucher de Régina, le jeune homme s'étendit sur un long siège et se livra à de mûres réflexions auxquelles il s'arracha subitement, en laissant échapper un joyeux J'y suis! puis, saisissant une plume, il s'empressa de tracer quelques mots sur un papier qu'il laissa sur la table, puis ensuite par une porte dérobée, s'éloigna, gagna la rue et se dirigea vers le chemin de fer de la rue St-Lazare qui l'emporta comme un trait pour le déposer au débarcadère de Marly.

— Voilà le village! c'est déjà quelque chose, mais la demeure des Blangi!... Informons-nous!

Cela dit, Alexis dut se renseigner au premier boutiquier venu, respectable pâtissier qui, fournisseur de madame Blangi, s'empressa, de la façon la plus courtoise, de lui indiquer la villa où demeuraient l'aïeule et sa petite-fille, offrant même de lui donner pour guide un de ses patronnets, ce que refusa Melville qui se remit en marche et tarda peu à se trouver face à face avec la demeure tant désirée.

— Amour, fortune, secondez mon courage! murmura-t-il en portant la main sur la chaîne de la cloche, qui rendit un son modeste, auquel vint répondre le concierge-jardinier en accourant ouvrir au visiteur.

— Mon cher, c'est ici, n'est-ce pas, la demeure de madame Blangi? — Oui, m'sieur, ici même. — Fort bien! Dites-moi maintenant si monsieur Zéphyrin Flandin, leur cousin, ne serait pas chez elles? — Il y est tout de même, et sur la pelouse en train de prendre le café avec ces dames, répondit le jardinier. — Veuillez donc me conduire auprès de Flandin, à qui je désire communiquer une affaire importante. — Si monsieur voulout me suivre, j' vais l'y mener?

Et, sur la réponse affirmative du visiteur, le jardinier prit les devants, et après avoir fait traverser à Melville le parterre de fleurs situé entre la grille et le bâtiment de la villa, il l'introduisit dans cette dernière, lui fit traverser un vaste et élégant salon dont les fenêtres-portières donnaient sur un large péristyle conduisais au jardin, et duquel on apercevait les maîtresses du lieu et leur société groupées et assises sur une pelouse verdoyante.

— Attendez ici, m'sieur, j'allons aller prévenir M. Flandin qu'vous êtes là.

Cela dit, le jardinier s'éloigna, laissant Melville sur le seuil du salon et du péristyle.

— Qui diable a l'audace de me relancer jusqu'ici? Dites à celui qui me demande, que je n'y suis pas, et qu'il vienne me trouver chez moi, s'il désire m'entretenir, répondit avec humeur Flandin au jardinier. — Comment! mon cousin, vous seriez assez inhumain pour renvoyer, sans daigner l'entendre, une personne qui s'est donné la peine de venir tout exprès de Paris à Marly pour vous parler? observa en riant Alice. — Lorsque je suis ici, chère petite cousine, je ne veux y être entièrement que pour madame votre mère et votre gracieuse personne. — Alice a raison, mon cher monsieur; ce petit sans-gêne serait peu généreux de votre part... Et tenez, j'aperçois d'ici le monsieur qui vous demande se promener sous le péristyle. Tout en lui annonce une personne distinguée. Allons! un peu de politesse, cousin Flandin. — Puisque vous le jugez convenable, chère cousine, je me rends à vos conseils... En effet, je reconnais l'ami Alexis Melville, un de nos aimables élégants de la capitale, membre du Jokey-Club, enfin jeunesse dorée pur sang. Ce cher ami, que peut-il me vouloir? Je cours m'en informer et reviens aussitôt: ne vous impatientez pas, mes chères cousines.

Et Flandin ayant dit, de se diriger d'un pas rapide vers la villa.

— Comment, toi ici, mon bon? quel heureux vent t'amène dans nos parages? demanda Zéphyrin, d'un ton amical et joyeux en abordant Melville. — Celui de l'amitié, cher ami, ayant besoin de ton bon secours, je n'ai pas hésité à venir te trouver. — Ah! tu as besoin de moi? Il paraît que cela presse même? — Beaucoup! car il s'agit d'un duel pour demain matin six heures, au bois de Ville-d'Avray. — Un duel! fit en pâlissant et en reculant de trois pas le cousin Flandin. — Oui, un duel entre moi et une espèce de fat insolent dont j'ai reçu tantôt, en plein public, un démenti des plus effrontés, ce qui lui a mérité de ma part, et séance tenante, la plus vigoureuse des soufflets. Tu dois comprendre maintenant, Flandin, qu'une pareille affaire ne peut se terminer que par le fer ou par le feu, et comptant sur ton obligeance autant que sur ton amitié, à défaut de mes autres amis, tous absents de Paris en ce moment, j'ai pensé à toi, et je viens te prier de me servir de témoin dans ce duel. — Cher ami, ce serait, certes, avec un véritable plaisir que je te rendrais ce petit service, si mon bonheur pour le duel et le sang ne m'avait arraché depuis longtemps le serment de ne jamais figurer dans de semblables affaires. Ne m'en veux donc pas de ce que je te refuse aujourd'hui; mais, parole d'honneur! cher Melville, je ne me sens ni la force, ni le courage de fausser un serment que m'a inspiré ma nature délicate et sensible. — Ainsi, tu me refuses, Flandin? Voilà qui est peu généreux, moi qui avais compté sur ton obligeance. — Désolé, te dis-je, mais je te le répète, le sang me fait mal à voir; l'aspect de deux hommes prêts à s'entr'égorger, me ferait tomber en syncope. — Allons, puisqu'il en est ainsi, je n'insisterai pas, et vais faire en sorte de trouver quelque bon diable moins susceptible que toi. — C'est ça, va, cher ami, et surtout ne perds pas de temps, vu que pour trouver ce témoin il t'en reste fort peu.

Tout en disant ainsi, Zéphyrin Flandin entraînait doucement Melville du côté de la cour, dans l'espoir de s'en débarrasser le plus tôt possible. Malheureusement, le pauvre garçon comptait sans son hôte, car Alexis devinait ses intentions; chaque fois qu'ils abordaient la porte du vestibule, qu'il fallait traverser pour sortir du jardin et regagner la cour, par un brusque demi-tour, le jeune homme forçait Flandin à revenir sur ses pas.

— Mais j'y songe! il serait, ce me semble, de la dernière impolitesse de me retirer avant d'avoir présenté mes excuses à madame Blangi, d'être ainsi venu te chercher jusque chez elle. Viens donc me présenter, Zéphyrin, afin qu'il me soit permis de saluer la mère et la fille. — Mon bon, ce serait avec infiniment de plaisir que je présenterais à ces dames un compagnon de ta sorte, qui ne peut que me faire infiniment d'honneur; mais, malheureusement, mes chères cousines sont extrêmement souffrantes aujourd'hui, au point d'avoir fait consigner leur porte pour tout le monde. — Diable, voilà qui est fâcheux! Cependant, ces dames, que j'aperçois d'ici, me semblent d'assez belle humeur; puis, elles ne sont pas seules. — En effet, leur médecin, qu'elles ont fait appeler, et qui est auprès d'elles, répliqua Flandin avec embarras. Or, reprit-il, tu comprends, mon cher, que l'instant de faire la connaissance de ces dames serait on ne peut plus mal choisi; je ne te retiens donc pas plus longtemps, Alexis; au revoir, mon très-bon, au revoir! Et comme Flandin terminait ces mots en pressant la main d'Alexis, un valet, qui venait à lui, les aborda pour engager Flandin, de la part de ses maîtresses, à vouloir bien prier M. Melville de venir se reposer un instant, auprès d'elles.

Cet incident, auquel Flandin était loin de s'attendre, lui fit faire une laide grimace; ne pouvant reculer, il suivit Alexis, qui, sans le consulter, venait de prendre les devants, et se dirigeait vers les trois personnes réunies sur la pelouse, dont, en échange de son salut respectueux, il reçut l'accueil le plus bienveillant, et l'invitation de prendre place sur le siège qu'Etienne s'empressait de lui présenter.

— Comment, Monsieur, à peine arrivé que déjà vous vous disposiez à quitter cette maison sans daigner vous reposer un instant, et même sans nous permettre de vous saluer, dit madame Blangi, le sourire sur les lèvres et du ton d'un aimable reproche. — Tel était, pourtant, mon vœu le plus ardent, mesdames, celui de vous présenter mes très-humbles respects; mais, apprenant de la bouche de l'ami Flandin qu'une grave indisposition vous empêchait de recevoir aujourd'hui, je me retirais le regret dans l'âme d'être privé d'un si grand bonheur. — Malade! mais, du tout, Monsieur, grand-mère et moi ne nous sommes jamais mieux portées. Qui donc, de grâce, vous a ainsi induit en erreur? dit Alice gaiment, qu'avec surprise contemplait Alexis qui venait de s'apercevoir de l'infirmité de la pauvre fille.

— Moi, cousine, reprit aussitôt Flandin avec embarras, moi, qui craignais de commettre une indiscrétion en vous présentant une personne étrangère, et qui n'ai rien mieux trouvé que ce conte pour résister aux désirs de Melville qui, en effet, souhaitait vous présenter ses respects. — Cousin Flandin, en fait de prétexte, ne vous servez jamais de la santé de ma petite-fille ni de la mienne; car, en qualité de femme superstitieuse, ce jeu me contrarie et m'effraie.

A cet avertissement, qui n'était autre qu'un reproche, Flandin se mordit les lèvres et balbutia une mauvaise excuse qui passa inaperçue. Alors s'entama une conversation générale où Alexis fit preuve d'autant d'esprit que de gaîté, causerie qui intéressa vivement la jeune aveugle, dont l'élocution facile et légère du jeune homme captivait l'attention, et lui faisait dire tout bas :

— Décidément, ce monsieur Melville est bien plus amusant que notre cousin Flandin.

La nuit s'avançait, mais la soirée était si tiède et si pure, que madame Blangi, avant de rentrer au salon, proposa un tour de promenade sous les avenues du vaste jardin, proposition qui fut acceptée à l'unanimité. L'on se mit en marche, Étienne tenant sous le sien, le bras d'Alice, précieux trésor dont il avait eu l'adresse de s'emparer le premier, au grand désappointement et mécontentement de Flandin, à qui de même la grand'mère était échappée pour cheminer doucement appuyée sur le bras d'Alexis.

— Corbleu! est-ce que, par hasard, ces deux intrus auraient la prétention de me supplanter auprès de mes cousines?... Non pas, mes gaillards : à vous les simples politesses, à moi la main et la fortune de la fillette. Ainsi murmurait Zéphyrin, marchant les bras ballants et le dépit au cœur.

— Oui, Etienne, oui, mon ami, je suis fâchée, car il est mal à vous, bien mal! de rester, comme vous le faites, des semaines entières loin de nous, qui avons tant de plaisir à vous voir. Etienne, est-ce que vous n'aimeriez plus autant votre pauvre aveugle, votre amie d'enfance? murmurait d'une voix basse et caressante la jeune fille qu'Etienne avait tant soit peu éloignée de son aïeule. — Ne plus vous aimer, Alice! est-ce possible? Moi, qui sans cesse voudrais être auprès de vous, qui ne suis heureux que lorsque j'admire votre charmant visage, lorsque j'entends les doux sons de votre voix si douce pénétrer jusqu'à mon cœur, répliqua le jeune homme en pressant sous le sien et sur son cœur, qui battait avec violence, le bras de la gentille aveugle. — Eh bien donc! s'il en est ainsi, pourquoi ces longues absences, et ne plus nous consacrer, comme autrefois, vos heures de loisir et de liberté? Grand'mère était si contente en vous voyant accourir chaque dimanche; et moi, donc! à qui les longues promenades que nous faisions ensemble dans les bois de Marly rappelaient celles de notre enfance dans les forêts de la Havane... Allons, monsieur, répondez, d'où vient ce caprice?... — Un caprice! dites-vous? Oh! non, mais bien le devoir qui me retient à Paris ; ensuite, ce parent, M. Flandin qui, depuis qu'il vous a retrouvées, ne vous quitte plus; peut-être trouverait-il mauvaises les assiduités du fils de l'ancien serviteur de votre père et d'une marchande du Temple? — Qu'importe l'opinion de cet homme que je n'aime et n'aimerai jamais malgré ses efforts pour me plaire? Etienne, vous le savez, c'est vous seul qui m'êtes cher, vous, mon frère, mon meilleur ami, mon guide et mon soutien depuis mon enfance, dit avec feu la jeune fille en pressant dans ses mains délicates les mains d'Etienne ; puis, reprenant : Ami, il faut parler à grand'mère, lui avouer le tendre sentiment qui nous anime l'un pour l'autre, afin que je devienne votre femme et non celle du cousin Flandin, que ce matin même encore, grand'mère m'offrait pour mari. — Mais, chère Alice, pensez-vous que l'extrême amitié que me témoigne madame Blangi, soit assez puissante pour qu'elle ne chasse pas à jamais de sa présence le fils du valet assez audacieux pour prétendre à votre main? — Oh non! parce que vous lui direz qu'Alice n'a confiance qu'en vous, mon Etienne, qu'en vous, qui n'aimez la fille aveugle que pour elle, et non pour sa fortune. — Et ce sera la vérité, Alice, oh! oui, la vérité !

Ici, les deux amants furent interrompus par Flandin qui, après les avoir épiés de loin, et trouvant étrange l'intimité que trahissaient leurs mouvements, s'en venaient rompre le tête-à-tête et se mettre en tiers dans la conversation. — D'honneur, madame, rien de plus intéressant, de plus beau que cette délicieuse enfant, ne s'est de ma vie offert à ma vue! Heureux, heureux mille fois, l'homme qui sera assez favorisé du ciel pour devenir l'époux de cet ange céleste, après avoir su s'en faire aimer, celui qui, comprenant la sainte mission que lui impose cet hymen, se fera le guide de cette femme céleste, en lui consacrant un dévoûment, une surveillance de tous les instants, de toute la vie !

Ainsi disait Alexis, d'un accent plein de tendresse et de vérité, à madame Blangi dont il soutenait les pas chancelants.

— Oh! comme vous comprenez bien, monsieur, les devoirs que devra s'imposer l'époux de cette chère Alice, l'homme franc, loyal à qui il me serait doux de confier le sort de cette enfant chérie... Monsieur Melville, connaissez-vous notre cousin Flandin depuis longtemps, intimement enfin? demanda la vieille dame. — Depuis fort longtemps, madame, car nous avons été amis de collège. — Alors, monsieur, pardonnez donc à une pauvre vieille grand'mère, qui vous connaît à peine, de vous adresser, dans l'intérêt du bonheur de sa chère fille, une question, une seule! bien indiscrète, sans doute, en vous suppliant cependant d'y répondre avec loyauté et franchise. — Je vous écoute, madame. — Monsieur Melville, que pensez-vous de la moralité de ce cher Flandin? Le croyez-vous capable de faire le bonheur de mon Alice, et pourvu des précieuses qualités que vous exigiez tout à l'heure dans celui qui deviendrait le mari de cette petite?... Vous ne répondez pas... vous semblez hésiter! De grâce, monsieur, pas de faux scrupules ; songez qu'il s'agit de l'avenir, du repos, du bonheur d'une pauvre fille privée de la lumière, sans défense, et qui, une fois que Dieu m'aura retirée de ce monde, n'aura plus d'autre soutien, d'autre protecteur que le mari que je lui aurai donné. Réfléchissez, monsieur, réfléchissez combien serait cruel, affreux, le sort de la chère enfant, si, abusée par des dehors trompeurs, par des rapports mensongers, enfin! si croyant bien faire, j'allais commettre l'erreur irréparable, funeste! d'unir mon enfant à un homme indigne d'elle. Parlez donc, monsieur, car c'est une mère inquiète, tremblante, qui, de vous, implore la vérité.

— Hélas! qu'exigez-vous de moi? et combien mon embarras est extrême! Pensez, madame, que c'est à Flandin, à cet ami d'enfance, qu'aujourd'hui même je suis redevable de l'honneur d'être reçu chez vous, du doux bonheur de vous connaître, et vous voulez!..., — Que vous me fassiez entendre la vérité sur ce jeune homme. Pensez, monsieur, que c'est une mère inquiète sur le sort de son enfant qui vous interroge au nom du ciel et de sa tendresse, interrompit vivement et avec force la vieille dame. — Eh bien! madame, dussé-je passer à vos yeux pour un traître, un faux ami, je cède à vos supplications!... Non, madame, non, Flandin, que l'intérêt guide auprès de votre charmante fille, n'est pas l'homme qui lui convient! et non du ciel! gardez-vous donc, madame, de faire le malheur de votre Alice en l'unissant à un être indigne de la posséder, et que dominent seuls la cupidité, l'égoïsme et l'inconstance d'un cœur étranger à tout sentiment tendre. —O ciel!... Et vous êtes bien sûr, monsieur, de ce que vous avancez? — Dieu vous garde d'en douter, madame! dans l'intérêt du bonheur de votre intéressante fille.

Comme Alexis terminait ces derniers mots, et au détour d'une large avenue qu'ils venaient d'atteindre, lui et madame Blangi furent se heurter dans les trois jeunes gens qui, ayant pris les devants, et voyant s'assombrir la nuit, venaient à leur rencontre.

III. — UNE DEMANDE EN MARIAGE

Tout Paris, la France, le monde entier même, doivent connaître, pour l'avoir vu, soit pour en avoir entendu parler, ce fameux et vaste marché du Temple, immense fouillis où vient s'entasser la défroque du riche, marchandises de toutes formes, de toutes espèces qui, lavées, brossées, bien retapées et sous l'endroit d'un lustre trompeur, attirent et séduisent le chaland, amateur de bon marché ; bazar unique où fripiers, lingères, modistes, chapeliers, fleuristes, corsetières, couturières et autres industriels enfermés dans des échoppes de six pieds carrés, crient et offrent à l'envi leurs diverses marchandises ! le Temple enfin ! providence des nécessiteux, où le maigre plumitif, l'ouvrier économe, le clerc d'huissier, viennent échanger à peu de frais leur toilette étriquée et râpée contre des vêtements plus présentables, où la petite bourgeoise à qui l'époux maussade et avare interdit l'entrée d'une riche magasin de nouveautés, accourt furtivement faire emplète soit d'un cachemire d'occasion, d'une robe de soie ou d'un manteau de velours, riche dépouille d'une grande dame ou d'une lorette bien entretenue ; le Temple, où les sensibles et piquantes actrices de nos théâtres des boulevards se fournissent de modes, de fleurs, de clinquants, de dentelles et de gants à 25 centimes la paire et au-dessus.

C'était donc au milieu de ce bazar providentiel, et au milieu de la foule des intelligentes et laborieuses marchandes dont il est peuplé, que trônait une mère Rabouleau, locataire de trois places qui, réunies et artistement disposées, formaient ensemble une vaste boutique que la soie, la dentelle, le velours et cent autres étoffes précieuses dont elles étaient garnies, passait pour être une des plus cossues et des plus agréables à voir ; aussi les chalands, attirés par le grand choix, la bonne qualité des marchandises, plus encore par la rondeur et la bonhomie de la vendeuse, y accouraient-ils de préférence et en foule.

Au moment où nous abordons le Temple, sept heures du soir sonnent à l'église Sainte-Elisabeth, et au dernier son de l'horloge de la paroisse succède le tintement de la cloche du vaste marché, afin d'avertir les marchands et marchandes que l'heure du détalage est arrivée, et qu'il faut fermer boutique, signal impérieux auquel chacun s'empresse d'obéir, si mieux il n'aime encourir le désagrément d'une amende.

— Allons, Frigolette, tu entends, chère fille, il faut dételer au plus vite, disait la mère Rabouleau en s'adressant à une gentille brunette de dix-huit ans à peine, aux yeux éveillés, au teint coloré, à la bouche ornée de deux rangées de belles dents. — Oui, patronne, on s'y met, et leste. Ah çà, est-ce que, comme de coutume, vous ne m'aidez pas ce soir? dit Frigolette d'un petit ton de reproche en voyant sa bourgeoise s'emparer de son cabas après avoir rajusté son bonnet, et couvert ses épaules de son tartan d'été. — Çà, tête de linote, tu as donc déjà oublié que mon garçon, ce cher fifils, ayant à causer ce soir avec moi d'une affaire qu'il dit être très-importante, m'a fait prier ce matin, par l'homme de peine de son magasin, de rentrer ce soir le plus tôt possible, et que ce cher fils, ce chérubin du bon Dieu, m'attend en ce moment à la maison? — C'est vrai, je l'avais oublié. Partez donc, car il ne faut pas laisser ce bon M. Etienne s'ennuyer à la chambre. Allez, et reposez-vous sur moi du soin de tout serrer et de tout mettre sous clef.

— C'est ça, petiote, hâte-toi, pour ensuite venir souper avec nous!

Cela dit, et après avoir adressé un bonsoir amical à ses voisines, la mère Rabouleau quittant le marché, gagna la rue du Petit-Thouars, puis la cour de la Corderie, et enfin son domicile, situé au deuxième étage d'une des maisons de ladite cour, domicile se composant de trois grandes chambres gothiques aux poutres saillantes, ornées chacune d'une haute croisée dite à guillotine, garnie d'une vingtaine de petits carreaux de vitre d'une teinte verdâtre. Dans ce logement, encombré de gros meubles vieux et antiques, tels que commodes, buffets et armoires noircis par le temps, se voyaient, entassées sur de nombreuses tablettes, de riches étoffes et tissus de toutes espèces. Au milieu de la première chambre, servant de cuisine et de salle à manger, étaient une grande table couverte en bois de chêne flanquée de deux bancs du même bois, puis un gros poêle de fonte garni de ses tuyaux. Ce fut dans cette première pièce que notre marchande trouva son fils Etienne qui l'attendait en lisant; son fils qui, joyeux, lui sauta au cou pour lui distribuer quatre gros et bons baisers sur les joues.

— Bonjour, bonne mère! — Bonjour, cher enfant... Eh bien! me v'là; j'ai fait en sorte de te faire attendre le moins possible... Voyons, tu as à causer avec cette chère maman, m'as-tu fait dire; parle, mon ange, je suis tout à toi, je t'écoute.

Tout en disant, la bonne femme faisait asseoir son fils et se plaçait tout près de lui.

— Mère, vous ne savez pas?... — Non, fils; mais quand tu m'auras dit... — Eh bien! mère, j'aime, mais j'aime de toute la force de mon âme. — Bah! qui donc? Ta mère, n'est-ce pas? qui t'aime bien aussi. — D'abord! mère, puis encore une autre femme. — Ah! ah! et comment s'appelle cette femme? qui est-elle? que fait-elle? — Mère, elle se nomme Alice Blangi, avoua le jeune homme avec embarras. — Alice Blangi! la fille de nos anciens maîtres, de nos bienfaiteurs, de ceux dont la générosité m'a mise, moi, pauvre veuve, à même d'entreprendre le petit commerce auquel je suis redevable du bien-être dont nous jouissons aujourd'hui! Etienne, ce que tu viens de me dire là, enfant, est une plaisanterie, n'est-ce pas? dit la mère inquiète. — Non, mère, rien de plus vrai; j'aime Alice et j'en suis aimé; et la vie, sans sa possession, serait pour moi un fardeau sous lequel je succomberais de douleur. — Oh! oh! mais voilà qui devient sérieux, inquiétant... Et tu dis qu'elle t'aime? — Oui, mère, au point qu'hier, pas plus tard, Alice m'a autorisé à demander sa main à son aïeule. — Demander la main d'une riche et grande demoiselle, nous, petites gens de rien! mais tu n'y penses pas, Etienne; que dirait madame Blangi d'une pareille audace?... Allons, allons! cela est impossible! — Mère, vous refusez! Préférez-vous donc voir mourir votre fils de chagrin et Alice en larmes devenir forcément la femme d'un Flandin, d'un original qu'elle déteste? Mère, il faut chasser toutes craintes, et demain vous rendre à Marly, afin d'y demander, pour votre fils, la main d'Alice Blangi. — Mère! Etienne! j'ai peur!
— Pourquoi cela, mère? madame Blangi vous aime et m'estime, et lorsqu'elle saura que je suis tendrement aimé de sa fille, j'ose espérer qu'elle accueillera votre demande. Mère, songez qu'il y va pour moi du bonheur ou du malheur de ma vie. — Ma foi, que diable la crainte, d'autant mieux qu'un beau et honnête garçon comme toi vaut bien une fille aveugle; et si les Blangi ont des écus, nous ne sommes pas déjà si pauvres; or, en avant la demande, pas plus tard que demain matin. — Ah! ma mère, ma mère! vous êtes la meilleure des femmes! s'écria Etienne, joyeux, en sautant au cou de sa mère pour la couvrir de caresses.

— Assez, assez, grand bêta! tu chiffonnes tout mon bonnet... Ah! tu es amoureux, et tu n'en disais rien à maman, petit sournois... Ce qui me console, c'est que tu n'as pas trop mal choisi, car cette chère Alice est un vrai ange du bon Dieu qu'il faudra rendre bien heureux, n'est-ce pas, Etienne, si tu deviens son mari? — Oh! soyez-en sûre, mère... Mon Dieu! comme avec ardeur je veillerai sur elle! De combien de soins, d'amour et de dévouement je me plairai à l'entourer! et que je serai fier et heureux lorsqu'un mot, un sourire de sa bouche divine viendront me récompenser! — Et moi donc, serai-je fière d'avoir une bru ficelée dans ce genre-là! Au diable le commerce, alors; puis, pour elle, mes yeux et mon bras pour la conduire où il plaira à sa gentille personne, hein, qu'en dis-tu, fifils? — Je dis, ma bonne mère, que nous serons tous les trois les plus heureux de la terre.

Comme Etienne terminait ces mots en pressant dans les siennes, avec amour et reconnaissance, les mains de sa mère, un refrain joyeux se fit entendre au dehors, et la porte, venant à s'ouvrir, donna entrée à Frigolette qui, souriante et amicale, s'en vint tendre sa main à Etienne; celui-ci, dans sa joie, attira la jeune fille à lui pour l'embrasser à deux reprises.

— Oh! oh! comme vous êtes gai et gentil ce soir, monsieur Etienne! A la bonne heure! j'aime mieux cette mine-là que celle si soucieuse que vous nous faites quelquefois, dit Frigolette avec gaîté. — Tu ne sais pas, Frigolette? eh bien! Etienne est amoureux pour de bon. — Ah! ma mère! dit vivement le jeune homme avec sévérité. — C'est juste, il faut se taire, d'autant plus que t'es un peu bavarde, Frigolette, et que demain tout le Temple saurait la nouvelle, reprit la mère Rabouleau. — Dame! je n'aime pas les demi-confidences, je vous en préviens; et, comme je vous promets de me taire, il faut tout me conter. — Tu ne sauras rien, méchante gamine, et par-dessus le marché, tu vas te dépêcher d'allumer le feu et de nous bâcler à souper, vu qu'Etienne soupe avec nous.

Sur ce, Frigolette fit une petite moue, repassa une petite claque à Etienne en l'appelant méchant, et s'en fut allumer et souffler le feu.

Le lendemain, la mère Rabouleau, en grande tenue, après avoir ouvert sa boutique, terminé son étalage et fait ses recommandations à Frigolette, gagna le chemin de fer qui l'emporta à Marly, où elle arriva saine et sauve, pour aller sonner à la grille de la villa Blangi.

— Comment! c'est toi qui te décides à venir nous voir, ma bonne Madelon! s'écria madame Blangi, seule au salon, en voyant entrer la marchande du Temple. Sais-tu, reprit-elle, qu'il y a bientôt trois mois que je ne t'ai vue, et que c'est bien mal de négliger ainsi tes amis! Oh! tu ne risques rien, Alice, à son retour du village, où elle est allée répandre quelques aumônes, va furieusement te gronder. — Bah! bah! je l'embrasserai, cette chère adorée, et tout sera dit; d'ailleurs, n'ai-je pas un autre moi-même qui vient assez souvent ici vous présenter ses devoirs et les miens? — Oui, ton fils, ton Etienne, charmant jeune homme qu'Alice et moi nous aimons de tout notre cœur.

La mère Rabouleau, encouragée par cet aveu, crut le moment propice pour aborder la grande question qui l'amenait; aussi, se calant sur son siège, et après avoir toussoté deux ou trois fois, s'exprima-t-elle ainsi:

— Vous l'aimez bien, ce cher fifils? ma foi! vous avez raison et n'avez point affaire à un ingrat, car mon Etienne, voyez-vous? c'est la crème des bons garçons, des bons amis, après sa mère ne voit plus rien qui soit digne d'être adoré, respecté que vous et votre gentille Alice, si bien que, plaçant tout son bonheur à vivre pour vous, à vous consacrer son existence, le brave enfant, chère et bonne dame, me députe vers vous pour vous demander la main de votre petite fille, qu'il s'engage, par serment, de rendre la femme la plus heureuse du monde; hein, qu'en dites-vous?

Cette brusque demande, à laquelle était loin de s'attendre la vieille dame, fit qu'elle demeura un instant interdite et silencieuse, tant sa surprise était grande; puis, rompant enfin le silence :

— Ma chère Madelon, fit-elle, si je ne consultais que l'extrême amitié et la haute estime que je ressens pour toi, certes! que je n'hésiterais pas un instant à combler les vœux de ton fils, de ce cher Etienne; mais, il est des convenances, des préjugés qu'on ne peut enfreindre, ni heurter, et devant lesquels s'arrête la volonté la plus ferme, sous peine d'encourir le blâme de la société, si sévère et si implacable pour quiconque ose affronter ses lois. Madelon, avant de venir ici hasarder une demande aussi délicate, tu aurais dû te souvenir que ton mari, le père d'Etienne, a été le cocher, le valet de notre maison. — Valet, valet! j'en conviens, ce qui n'empêche pas mon Etienne d'être devenu un garçon bien éduqué, aux bonnes manières, et que chacun cite pour sa probité et sa douceur, un garçon à qui je donnerai en dot de bons écus loyalement acquis, un garçon enfin qui, tout fils de valet qu'il est, a su se faire aimer de votre fille, répondit notre marchande d'un ton piqué. — Se faire aimer d'Alice, dis-tu? fit avec surprise madame Blangi. — Oui, oui, se faire aimer, et à la folie encore, demandez plutôt à cette chère petite. Or, vous voyez bien, bonne dame, que ce mariage est nécessaire au bonheur de ces pauvres enfants, que votre refus désespérerait; et puis, mon Etienne est si bon! il rendra sa femme si heureuse! Allons, chère dame, consentez, et mon Etienne et moi vous bénirons. — Impossible, Madelon, impossible! n'espérez pas que je consente jamais à cet hymen; ensuite, Alice est promise à son cousin Flandin, ma parole est donnée, et, sans un grave motif, je ne puis la retirer à un homme duquel je n'ai eu qu'à me louer. — Ainsi, vous, d'ordinaire si bonne, si humaine, ayant pitié, et de sang-froid, vous consentez à faire le malheur de deux pauvres enfants, celui de votre Alice, que le bon Dieu vous a confiée pour la rendre heureuse, et que votre refus va désespérer. — Assez! Assez, Madelon! encore une fois, ce mariage est impossible, impossible, entendez-vous? et si vous tenez à mon amitié, qu'il ne soit plus question entre nous de ces ridicules prétentions dont vous venez de m'entretenir, termina madame Blangi sévèrement. — Suffit, chère dame, on se conformera à vos ordres; veuillez excuser la liberté que j'ai prise. Oh! vous avez raison, le fils d'un valet ne peut pas devenir le gendre des maîtres de feu son père. Oui, j'étais une orgueilleuse, une folle d'oser prétendre à tant d'honneur pour mon enfant; mais, que voulez-vous? ces bêtes de mères, c'est si faible! si crédule! si bonnasse! qu'elles croient toujours que rien n'est trop bon, ni trop beau pour leurs chérubins d'enfants... Allons, c'est dit, pas de bonheur pour mon Etienne, mais bien le désespoir, la mort peut-être! Ah! ah! ça vous apprendra, manants, fils de laquais, à ne plus vous amouracher des demoiselles de grandes maisons.

En disant ainsi, la mère Rabouleau versait de grosses larmes qu'elle essuyait avec son mouchoir, larmes devant lesquelles madame Blangi ne put rester insensible, et qui lui firent prendre et presser dans les siennes, avec aménité, la main de la mère d'Etienne.

— Madelon, fit la dame d'une voix douce et suppliante, pardonne à la vieille amie, et crois bien qu'il lui en coûte de te faire de la peine; mais, je te le répète, quand bien même les préjugés, le monde ne me feraient pas un devoir de repousser ta demande, la promesse que j'ai faite, de la main de ma petite-fille, m'y contraindrait encore. Madelon, comprends-moi, et sans rancune, n'est-ce pas? — Je tâcherai, car vous avez été jadis pour moi une excellente maîtresse, presqu'une mère. Adieu donc, madame, je vous quitte pour aller trouver mon Etienne, et tâcher de le consoler par mes caresses; que Dieu vous garde, madame.

Et cela, dit, s'arrachant brusquement de l'étreinte de la vieille dame, la mère Rabouleau s'éloigna précipitamment et sautilla dans la ville pour retourner à Paris.

Etienne qui, ce jour-là, ne s'était pas senti la force d'aller à son magasin, tant son pauvre cœur était rempli d'inquiétude et d'impatience, après avoir été conduire le matin sa mère au débarcadère, lors du départ de cette dernière pour Marly, ne manqua pas de s'y retrouver au retour.

Aussi, à peine sortie du wagon qui la ramenait, la mère Rabouleau reconnut-elle son fils bien-aimé dans le jeune homme qui s'empressa de la saisir par le bras et de l'entraîner loin de la foule des voyageurs.

— Eh bien, ma mère, quelle nouvelle? interrogea aussitôt Etienne, impatient, à peine avait-il atteint la rue. — Patience, chéri, commençons d'abord, avant de jacasser, par nous hucher dans une voiture, vu que ce long trajet de voyage m'a rompue et courbaturée. — Soit, ma mère; mais de grâce, un mot, un seul! Alice sera-t-elle à moi? son aïeule consent-elle à me rendre le plus heureux des hommes en me la donnant pour femme! — Dame! rien n'est encore décidé; il y a des si, des mais, enfin de l'hésitation, fit notre marchande, qui désirait autant que possible, retarder le coup funeste qu'elle avait à porter à son fils. — Mais enfin, bonne mère, que vous a dit madame Blangi? comment a-t-elle pris votre demande? enfin que puis-je espérer? reprit Etienne aussitôt installé dans le fiacre qu'ils venaient de prendre. — Laisse-moi, garçon, tu sais bien que je ne puis parler en voiture, que cela me donne des éblouissements, des crampes d'estomac. — Ah! ma mère! combien vous vous jouez cruellement de mon impatience! parlez, parlez de grâce, car chaque minute de ce doute cruel est pour mon cœur un siècle de martyre. — Tu le veux donc absolument? eh bien, garçon, il faut renoncer à ce mariage.

A ces mots, Etienne de pâlir et de fondre en larmes.

— Allons, allons, fifils, pas d'enfantillage; de la fermeté; une femme de perdue, dix de retrouvées, surtout pour un garçon de ton espèce. — Ainsi, madame Blangi me refuse Alice? ainsi plus d'espoir jamais? — Plus d'espoir, mon enfant, et la raison de ce refus, est qu'une demoiselle Blangi ne peut s'allier, sans déroger, au fils de l'ancien cocher de son père. — Malheur! malheur! s'écria Etienne au désespoir. Insensé que je suis! avoir pu oublier un instant la tache qu'on me reproche, et que l'orgueil est sans pitié! — Aussi, pourquoi, lorsqu'il y a tant de jolies filles bien élevées et belles au coffre, on ne demanderait pas mieux que de te donner, vas-tu t'amouracher d'une grande demoiselle dont nous avons été les humbles serviteurs? Va, crois-moi, Etienne, oublie une amourette dont tu ne peux espérer que chagrin et humiliation, et je m'engage à te trouver sous peu un bon parti dans une fille active, gentille, riche, et qui aura deux beaux et bons yeux pour se conduire.

Etienne, absorbé dans une profonde tristesse, laissa les dernières paroles de sa mère sans réponse, et resta muet jusqu'à leur arrivée au domicile, où il courut s'enfermer dans sa chambre, afin de s'y livrer en silence à tout l'excès de son désespoir. Le soir, impatiente de ne pas voir reparaître son fils, dont elle avait respecté la douleur, la mère Rabouleau, n'y tenant plus, pénétra à pas de loup chez le jeune homme qu'elle trouva couché sur son lit et en proie à une fièvre dévorante.

IV — UN MOIS APRÈS

— Ah! ah! c'est vous, mon bon? Eh bien, quoi de nouveau chez vos femmes de Marly? s'écriait Régina en voyant entrer Alexis dans son boudoir comme la pendule de ce réduit mystérieux sonnait la dixième heure du jour. — Il y a de nouveau que tout va le mieux du monde, chère adorable, répliqua Melville après avoir déposé un long et voluptueux baiser sur la bouche vermeille de la jolie femme, pour ensuite s'asseoir à ses côtés. — Voyons, contez-moi ça, bien-aimé, reprit Régina en passant légèrement ses doigts effilés et roses dans la brune chevelure de son amant. — Il y a, ma reine, que la vieille raffole de moi de plus en plus, que, grâce à mon adroit manège, à mes petites et perpétuelles calomnies, le cher Flandin, mon intime ami, a reçu, hier soir, de la part de la respectable dame Blangi et de la petite aveugle, un congé en bonne forme; il y a enfin que nous sommes désormais les maîtres de la place, et que hier, la grand'mère en question s'est pour ainsi dire mise à mes pieds pour qu'il me plaise de hâter l'instant désiré par elle de faire connaissance avec madame la marquise Dartenay, ma très-honorée sœur. — Votre sœur, la marquise Dartenay! quel conte me faites-vous donc là, et quelle est cette femme? — Ainsi il m'a donc à vous nommer, titrer et de vous associer à mon sang. A propos! n'allez pas pas oublier que vous êtes veuve depuis deux ans d'un général pair de France, que vous possédez une trentaine de mille francs de rente et une fort jolie propriété à Nanterre; et même que vous adorez en ma personne un frère doué des plus précieuses qualités, que vous avez hâte de voir s'allier par les liens du mariage à une famille honorable. — Il suffit, je saisis le rôle au parfait. Maintenant, quand la présentation? — Demain! Disposez donc vos plus beaux atours, car il s'agit d'être éblouissante, et surtout d'oublier les allures de Mabille, du Château-Rouge et autres lieux pour devenir femme de cour. — On se conformera au programme, beau sire... Ah çà! franchement, vous pensez, Melville, qu'il y a chance de succès? — Comment donc! mais j'espère bien avant six semaines être l'époux de l'aveugle et maître de sa fortune... Ah fichtre! quelle aubaine, ma Régina! et que pour toi, pour moi, la vie sera belle, joyeuse! — Et des voitures, des chevaux, des valets! — Décidément, je me fais membre du Jokey-Club. — Fort bien! mais que ferons-nous de cette petite Alice? — Une rentière de quelque petite ville de province, après avoir prouvé et signifié à la *poveretta* qu'entre elle et moi il y a incomptabilité d'humeur, et que la séparation est indispensable, d'autant plus que je n'ai nulles dispositions pour remplir l'emploi d'Antigone, ou celui de chien d'aveugle. A propos! vous saurez encore, ma toute belle, que j'ai loué pour deux mois, au village de Nanterre, la villa la plus délicieuse, la plus confortable possible, meublée d'une manière fantastique. C'est là où vous recevrez madame Blangi et sa petite-fille, où vous leur donnerez fêtes et festins, enfin où, après les avoir éblouies par votre luxe, captivées par vos gracieusetés, vous risquerez la demande en mariage pour votre honoré frère. — Voilà un plan parfait et des mieux combinés; mais, mon cher frère, vous ne me dites pas où nous trouverons l'argent nécessaire pour donner des fêtes et des festins et payer le loyer de cette luxueuse villa? — Soyez sans aucune inquiétude, car j'ai tout prévu, tout aplani en captivant la confiance du propriétaire de ladite villa et celle, beaucoup plus difficile, du plus célèbre restaurateur du village de Nanterre. Quant aux menues dépenses imprévues, j'ai compté sur votre bourse, où, pour mieux dire, sur celle de certains amis adorateurs de vos charmes, trop heureux de mettre la leur tout au service de vos beaux yeux, termina Alexis en donnant à ses lèvres une expression maligne et moqueuse. — C'est bien! on fera en sorte de faire les choses dignement. Quant à vous, beau sire, sachez de votre côté remplir votre rôle en homme adroit, jouer habilement la passion, le délire, le dévouement désintéressé, soupirer à propos, enfin, plaire et captiver, ce qui auprès d'une niaise de 17 ans, ne doit être qu'un jeu pour un roué de votre force.

— Amen! répliqua en riant Alexis qui, après quelques instants encore d'entretien, prit congé de Régina pour se rendre au petit appartement qu'il occupait seul rue des Trois-Frères, Chaussée-d'Antin.

Rentré chez lui, Alexis, enfermé dans son petit salon, où régnaient le bon goût et la fantaisie, se jeta sur une longue chaise soyeuse, et placé devant la croisée, la tête penchée, le regard fixé vers le ciel, notre dandy, dans ce *far niente*, s'abandonnant à des rêves dorés, se voyait déjà l'époux d'Alice, maître de la fortune de cette jeune fille, puis toujours l'amant préféré de Régina, de cette femme coquette, absolue, magnifique, vraie maîtresse de prince, qui sans cesse infidèle par nécessité, revenait sans cesse à lui par habitude, sinon par amour; enfin, cette femme de laquelle il ne pouvait se passer, et dont il espérait acheter la constance à prix d'or, une fois devenu possesseur de la main et de la fortune d'Alice Blangi. Ainsi pensait Melville, lorsque le tintement de la sonnette de sa porte vint l'arracher brusquement à son extase.

— Au diable l'importun, et malheur à lui si sa face patibulaire m'offre celle d'un créancier.

Et disant ainsi en bâillant et se détirant les membres, Alexis s'en fut ouvrir et reconnut surprise Flandin dans le visiteur en train d'essuyer ses pieds en tous sens sur le paillasson.

— Comment c'est toi? quel heureux hasard t'amène dans le sanctuaire de l'amitié?.... Mais entre donc! as-tu besoin de tant t'essuyer, surtout d'un temps sec? Encore un visiteur aussi précautionneux que toi, et je dis adieu à mon malheureux paillasson, dit Alexis impatienté d'attendre qu'il plaise à Flandin d'entrer. — C'est juste! je ne sais plus ce que je fais, ma tête s'égare, et je ne commets plus que des extravagances depuis hier soir, répond Flandin le visage pâle et allongé, le regard encore plus hébété qu'à l'ordinaire, en pénétrant dans l'appartement pour aller se jeter sur un siège.

— Que t'est-il donc arrivé? Serais-tu malade? s'informa Alexis. — Mieux que ça, je suis désespéré, vexé, et tu vois en moi un malheureux qui n'a plus d'espoir que dans ton amitié secourable. — Tout à ton service, mon cher, du moment que tu m'auras dit ce dont il s'agit. — Apprends donc mon malheur, Melville, je suis ruiné! — Quoi! tes six mille francs de rente?... — Il s'agit bien de cette bagatelle, ma foi! non! mais des vingt-cinq mille francs que je courtisais en ma cousine Alice. — C'est donc Alice Blangi qui est ruinée? — Pas le moins du monde, en fait de ruiné, il n'y a que moi à qui, hier au soir, madame Blangi a signifié un congé en bonne forme, sous le puéril prétexte que sa petite-fille me refuse positivement pour mari. — En vérité, fit Alexis en jouant la surprise et s'efforçant de paralyser le sourire prêt à effleurer ses lèvres. Ah! c'est bien peu délicat de la part de ces dames, ajouta le jeune homme. — N'est-ce pas, Melville? Mais je ne me tiens pas encore pour battu; et comme tu es au mieux avec la grand'mère, que l'enfer confonde! je viens te prier, te supplier, ami, de lui parler pour moi, de lui faire entendre raison, en démontrant, clair comme le jour, que je suis l'homme qui convient à sa fille, et cela en continuant de vanter mes bonnes qualités, comme tu n'as cessé de le faire, depuis que, grâce à moi, à ma recommandation, tu es devenu l'ami, le commensal de la famille, soit dit sans jalousie, puisque tu m'as assuré que tu n'avais aucune prétention sur la jeune fille. — Certes! je ne demande pas mieux que d'être utile en cette circonstance; mais s'il est vrai, comme l'assure madame Blangi, que sa fille te refuse pour mari, qu'espères-tu? Épouser cette pauvre enfant malgré elle? à la contraindre? J'ai peine à croire, Flandin, qu'un galant homme comme toi commette une pareille bassesse. — Mon cher, moralise tant qu'il te plaira, mais quelle est la conscience que ne ferait pas taire une dot de cinq cent mille francs? — Je conviens que le chiffre est beau, mais il est inséparable de la possession d'une femme qui te refuse. C'est aussi pourquoi, Melville, je viens te trouver, afin que ta bonne amitié s'intéresse à moi, en faisant entendre raison à madame Blangi, en lui persuadant qu'il n'y a que moi au monde qui puisse rendre sa petite-fille heureuse. — Volontiers, si tu penses que mon ascendant auprès de cette dame soit capable de la décider à contraindre sa fille de prendre pour mari un homme qu'elle n'aime pas, lorsqu'elle en aime un autre. — Un autre! dis-tu, mon cher? Pas possible! à moins que ce ne soit toi. — Ni toi, ni moi, mais bien un certain Étienne, un commis marchand que j'ai aperçu lors de ma première visite, et qui, durant certaine promenade que nous fîmes dans le jardin, entre chien et loup, ne cessa de en conter à mademoiselle Blangi, qui, de son côté, l'écoutait fort attentivement, et cela à votre nez et à votre barbe. — Eh bien, Alexis, tu me croiras si tu veux, mais je me doutais de quelque chose comme ça, et cependant ce qui déroute mes soupçons, c'est que voici plus d'un mois que ce petit bonhomme n'a reparu chez les dames Blangi, et que d'ordinaire un amant aimé ne reste pas ainsi éloigné de ses amours, surtout lorsqu'il jouit de ses grandes entrées sous le toit de sa belle. — N'importe le motif qui retient ce jeune homme éloigné d'Alice, je n'en soutiens pas moins, mordieu! que ledit petit bonhomme, compagnon d'enfance de la gentille aveugle, est l'objet qu'on te préfère et qui t'a valu le congé que tu as reçu, dit en riant Alexis. — Corbleu! si j'étais certain que cet original drôle fût sérieusement l'auteur de ma disgrâce!... — Tu l'appellerais en duel?.. — Non, parce que je ne me bats jamais, mais je le croserais indignement, je l'humilierais, je lui demanderais de quel droit un Rabouleau, le fils d'un valet et d'une revendeuse du Temple, se permet d'être le rival d'un homme comme moi? — Rabouleau est fils d'une marchande du Temple, dis-tu? interrogea vivement Melville d'un accent où perçaient l'inquiétude et la surprise. — Certainement, pas autre chose. — Dis-moi, Flandin, ton intention serait-elle de retourner chez les dames Blangi, en dépit du congé assez impertinent qu'elles t'ont donné? — Je le voudrais, mais je n'ose. — Eh bien! n'y va pas, crois-moi, attends! Laisse à mon amitié le temps de mieux disposer ces femmes en ta faveur, et surtout celui de te débarrasser d'un rival aimé et dangereux, en la personne de cet Étienne Rabouleau. — C'est dit, cher Melville, je te confie à ta précieuse adresse le soin de mon bonheur et de ma fortune, et pour me présenter de nouveau à Marly, j'attendrai, ainsi que tu me le conseilles, que tu m'en donnes l'heureux signal; surtout fais en sorte que cela ne se fasse pas trop attendre, car je suis d'une impatience volcanique. A propos! que fais-tu du reste de cette journée? Te sens-tu capable d'accepter le dîner que t'offre mon amitié, au café Anglais? — Oui, certes! répliqua Melville d'un ton joyeux.

Une longue causerie encore, puis, comme l'heure du dîner était venue, les deux jeunes gens se mirent en route, bras dessus bras dessous, pour se diriger vers le restaurant, lorsque, parvenus sur le boulevard, ils se trouvèrent face à face avec une élégante dame, dans qui Melville reconnut tout de suite Régina.

— Où allons-nous ainsi, ma toute belle? s'informa l'amant à celle qui le saluait ainsi que Flandin, d'un charmant sourire. — Où je vais? chez moi. D'où je viens? de faire quelques visites sans conséquence ni prétention, répondit Régina tout en toisant à la dérobée l'ami Flandin qui, en présence de cette jeune beauté qu'il dévorait du regard, redressait son col, faisait le beau et les yeux en coulisse. — Cher Flandin, permets-moi de te présenter, dans madame, la marquise Dartenay, ma sœur bien aimée, dit Alexis. — Combien, madame, je rends grâce à l'heureux hasard qui me procure l'honneur de faire votre connaissance et de vous présenter mes hommages respectueux, s'empressa de répondre Flandin en saluant de nouveau Régina ; puis, s'adressant à Melville : Comment, cher ami, dit-il, tu possèdes pour sœur la plus belle comme la plus gracieuse des femmes, et tu ne m'en avais jamais parlé ; tu me laissais ignorer une pareille perfection ? ah ! c'était mal, bien mal !

La lorette paya ces paroles galantes d'un regard et d'un gracieux sourire, qui bouleversèrent un instant toute la raison du galant Flandin.

— Ça, marquise Dartenay, où dînons-nous ce soir ? demanda Alexis en faisant du regard un signe qui, tout imperceptible qu'il était, fut aussitôt compris par Régina.

— Chez moi, où m'attend la solitude, si mieux il ne vous plaît, Messieurs, de prendre en pitié l'abandon d'une pauvre veuve, et de venir partager son modeste dîner, répliqua la jolie femme. — Veuve ! veuve ! murmura vivement Flandin, aux yeux de qui cette qualité rendait encore Régina plus belle et plus précieuse. — Non, marquise, pas aujourd'hui, désolé de vous refuser ; mais, ce que vous avez de mieux à faire, je crois, afin d'échapper à la solitude qui vous attend au logis, est de venir partager le dîner que vient de m'offrir l'ami Flandin au café Anglais. — Supérieurement parlé ! Acceptez, belle dame, je vous en conjure, s'écria Flandin avec empressement. — Très-volontiers : offrez-moi donc votre bras, monsieur Flandin.

Et cela dit d'un ton aimable et facile, Régina passa son bras sous celui du jeune homme qui, au comble de l'ivresse, s'empressa de serrer amoureusement le bras mignon qu'on lui confiait.

Le café Anglais, où pénètrent nos personnages, où Flandin s'empressa de dresser le menu d'un dîner somptueux, puis à table, la bonne humeur, les propos joyeux, les bouchons qui sautent, la marquise prétendue qui, par des œillades assassines, répond aux avances téméraires que lui adresse Flandin, l'amphytrion, par dessous la table, Flandin qui, bientôt ivre d'amour encore plus que de champagne, finit par s'emparer d'une petite main potelée qu'on lui laisse presser amoureusement sans paraître y faire attention, Flandin à moitié fou, et qui, intérieurement, s'écrie :

— Cette femme est à moi !

Dix heures sonnaient lorsque les trois convives se levèrent de table après l'invitation de Régina adressée à Flandin et à Melville, de la reconduire chez elle, où elle reçut son nouvel adorateur, auquel la magnificence du mobilier inspira une haute opinion de la fortune de la maîtresse du logis.

— Chère sœur, fit Melville, après qu'on se fût assis au salon, puisqu'une heureuse et inattendue rencontre vous a procuré aujourd'hui le plaisir de faire la connaissance de ce cher Flandin, le meilleur garçon que je connaisse, permettez-moi de solliciter votre amitié en sa faveur ; promettez-moi que vous l'accueillerez et qu'il sera de vos amis. — De tout mon cœur, car l'ami du frère a des droits incontestables à l'estime de la sœur. Venez donc, Monsieur, et soyez certain qu'ici vous trouverez toujours franchise et amitié, répliqua la lorette, en adressant à Flandin un regard des plus engageants, auquel le trop inflammable jeune homme riposta par un tendre soupir et une pression de main, profitant, pour s'émanciper ainsi, de l'éloignement d'Alexis qui s'était levé pour allumer un cigare.

Après une demi-heure encore de causerie, Alexis donna le signal du départ au grand déplaisir de Flandin qui, forcé de prendre congé de Régina, suivit à regret le prétendu frère.

Arrivé sur le boulevard, il fallut se séparer pour gagner chacun son domicile. Melville tourna donc à gauche et Flandin à droite ; mais, à peine le premier s'était-il éloigné d'une centaine de pas, et certain que Flandin ne pouvait l'apercevoir, que, d'un pas rapide, il regagna la demeure de sa maîtresse qui l'attendait dans sa chambre à coucher, heureux sanctuaire d'où Melville ne sortit plus que le lendemain matin.

— Décidément, j'ai produit ce soir un effet foudroyant... Cette marquise est vraiment adorable ; et puisqu'elle daigne m'encourager, en avant la galanterie et la séduction.

Ainsi disait Flandin, fier de ses succès auprès de Régina, tout en longeant le boulevard pour atteindre sa demeure située rue Saint-Florentin, lorsqu'en sautillant de joie il fut se heurter dans une jeune femme qui venait devant lui en marchant d'un pas rapide, et poussa subitement un cri de douleur.

— Ah ! pardon, madame ; est-ce que je vous aurais fait peur ? — Peur, non pas, mais vous m'avez écrasé le pied avec votre maudite botte, répondit cette personne, qui n'était autre qu'une jeune fille dont la toilette, tirée à quatre épingles, était celle d'une coquette grisette. — Vraiment, je suis désespéré de cet accident, veuillez le croire ma... mademoiselle, termina en balbutiant Flandin, qui, à la lueur du gaz, venait d'apercevoir un charmant minois, des yeux vifs et spirituels, une bouche rosée et des dents d'ivoire. — Sapristi ! que cela me fait donc mal ! Vous n'êtes pas léger, jeune homme, vous pouvez vous en vanter, disait la jeune fille en se frottant le pied tout en s'appuyant sans façon sur le bras de Flandin. — Encore une fois, chère demoiselle, croyez que je suis désolé de cet accident, et vraiment je ne vois qu'un moyen d'y remédier, celui de me permettre de vous reconduire en voiture jusqu'à votre porte ; aussi bien, il est près de minuit, et ce n'est pas sans courir quelques dangers qu'une jeune et jolie personne de votre âge galope seulette à travers les rues. — Par exemple, aller en voiture avec un homme que je ne connais pas, ce serait du beau, ma foi ! — Alors permettez-moi, au moins, de vous offrir mon bras. — Pour cela j'y consens, car je vous avouerai franchement que je commence à avoir peur. — Acceptez donc et marchons, dit Flandin en présentant un bras arrondi sur lequel s'appuya la jeune fille pour se remettre en marche, doucement d'abord et en boitillant, puis peu à peu plus vite, au fur et à mesure que l'échauffement du pied engourdissait la douleur.

— Dans quel quartier demeurez-vous, ma charmante ? — Quartier et marché du Temple, monsieur... c'est un peu loin, n'est-ce pas ? — Mais oui, pas mal... Ah ça mais, par quel hasard une jeune personne de votre âge et de votre charmant physique se trouve-t-elle seule et si éloignée de sa demeure à une heure aussi avancée ? — Mon Dieu ! c'est bien simple ; j'ai pour oncle un vieil et brave invalide dont c'était aujourd'hui la fête et que plusieurs de ses amis lui souhaitaient ; je me suis de même rendue à ce goûter, après en avoir obtenu la permission de la bourgeoise dont je suis la demoiselle de boutique. On a dîné, ri et chanté, l'heure a filé sans que l'on s'en aperçusse, et voilà ! — Je comprends, on s'est oublié à table.. Mais parmi les joyeux convives de monsieur votre oncle, il ne s'est donc pas trouvé un homme assez galant pour vous offrir son bras et vous protéger ? — Pas un, vu qu'il ne s'en trouvait pas un seul qui fût au grand complet. — Corbleu ! n'étais-je là ! avec quel empressement j'aurais saisi l'occasion d'être le cavalier d'une aussi gentille femme que vous ! dit Flandin en pressant avec force sous le sien le bras de la jeune fille. — Dame, vous connaissant, ce n'eût pas été de refus, car de l'hôtel des Invalides au Temple, il y a un bon bout. — Très-loin, en effet ! Ah ça, mais jolie comme nous sommes, nous n'avons donc point un amoureux pour venir au-devant de nous dans les grandes occasions ? — Un amoureux ? ah ouiche ! et pourquoi faire ? fit la jeune fille en riant et fixant ses grands yeux noirs sur Flandin. — Parbleu ! pour vous aimer, vous conduire au bal, au spectacle... Et puis devenir notre mari, dites donc encore, car voilà le point principal, et auquel doit viser une honnête fille. — Ah ça, mais, est-ce que par hasard vous auriez la faiblesse d'avoir du goût pour le mariage, mademoiselle.... Mademoiselle.... comment vous appelez-vous donc ? — Frigolette-Adrienne Dupuis, qui ne vous en déplaise, a la faiblesse de vouloir être une honnête femme, mon cher monsieur. — Et ce mari, de quelle espèce le désirez-vous ? — Beau ou laid, riche ou pauvre, n'importe ! pourvu que je l'aime et qu'il soit honnête homme. — Voilà qui est bien pensé... mademoiselle Frigolette ; j'ai bien envie de vous faire la cour. — Serait-ce pour le bon motif ? — Peut-être. — Ah ! mais ce peut-être là, ça sent le sournois. — Vous me faites injure, car enfin serait-il raisonnable de s'engager ici subito sans savoir s'il y aura entre nous compatibilité de goût et d'humeur. — C'est juste ce que vous dites-là, mais cela ne me persuade pas... A votre tour, comment vous nommez-vous ? — Anasthase Prichard, répondit vivement Flandin. — Votre demeure ? votre état ? reprit Frigolette. — Rue du Helder, 22 ; mon état, rentier. — Rentier ! gros ou petit ? — Six mille francs de revenu, modeste mais suffisant avoir

— Tout cela est bien, trop bien même pour prendre pour femme une fille comme moi, orpheline et ouvrière sans fortune ni espoir d'en avoir jamais. — Erreur de votre part, chère amie, car ne voit-on pas chaque jour des hommes riches épouser par amour des filles sans fortune? — Oui, mais rarement en réalité, et très-souvent dans les romans et au théâtre. — Eh bien, charmante Frigolette, je suis du petit nombre de ces hommes sensibles et sages, qui préfèrent, chez une femme, la vertu aux richesses. Or, veuillez me connaître, me permettre de vous entretenir souvent de mon amour, d'étudier vos précieuses qualités, et un jour peut-être me sera-t-il permis de vous offrir ma main en échange de la vôtre. — Tenez, franchement, vous me faites rire avec vos enjôlements, mais comme vous me faites l'effet d'un bon enfant, si, par hasard, tout ce que vous me dites là n'étaient pas des menteries, eh bien! puisque ça vous fait plaisir, venez causer un brin avec moi à ma boutique du Temple, où vous me trouverez de planton chaque jour du matin jusqu'au soir. — Soit! mais cette boutique où est-elle située? s'informa Flandin — Dans le marché, série noire, où vous demanderez Frigolette que chacun connaît et vous enseignera. Maintenant, merci et adieu, monsieur mon prétendu futur, car nous voici arrivés rue du Petit-Thouars, fit la jeune fille en retirant son bras de dessous celui de Flandin. — Un instant, s'il vous plait, joli démon, car avant de nous séparer, il me faut deux choses, un rendez-vous pour demain soir sur la brune, et au boulevart, puis à l'instant même un baiser. — Un rendez-vous, beau sire? eh bien! attendez-moi sous l'orme; quant au baiser, à d'autres!

Cela dit, Frigolette s'échappa d'un pied léger pour s'enfoncer dans la cour de la Corderie, où Flandin essaya en vain de la poursuivre, et où il perdit aussitôt ses traces dans l'obscurité.

V — UN RENDEZ-VOUS

A l'extrémité du vaste jardin de la villa de Marly, demeure de madame Blangi, se trouvait situé un charmant chalet suisse caché sous l'épais ombrage de plusieurs arbres centenaires dont les rameaux puissants s'étendaient sur sa rustique toiture, comme pour la protéger contre l'injure du temps ou les feux d'un soleil ardent.

Ce réduit champêtre, où souvent la grand'mère et sa petite-fille aimaient à venir goûter le silence et la fraîcheur, se composait de plusieurs pièces garnies de meubles qui, tout en s'harmonisant par leur forme et leur structure au genre rustique du bâtiment, ne manquaient ni d'élégance ni de confortable.

C'est donc dans ce réduit champêtre, qu'après deux mois nous retrouvons Alice pensive, assise et accoudée sur un sopha dans le petit salon situé au rez-de-chaussée. Alice, qui s'est rendue au chalet, seule et sans guide par des sentiers droits, unis et entretenus pour elle par les soins d'un jardinier chargé d'aplanir tout ce qui pourrait faire obstacle aux pieds délicats de la jeune aveugle, qui n'y rencontrait qu'un sable doux et fin.

Alice silencieuse prêtait l'oreille, et chaque bruissement qu'en dehors faisait entendre la branche ou la feuille agitée par le vent, son visage semblait s'animer de désir et de crainte, et son cœur battait avec violence.

Il y avait un quart d'heure à peine que notre jeune fille était dans cette position, lorsqu'une fleur lancée du dehors et par la fenêtre, vint tomber sur ses genoux.

— C'est lui enfin! s'écria, joyeuse, la jolie fille en se levant vivement après avoir respiré la fleur, pour aller ouvrir la porte du chalet et y donner entrée à Étienne qui, pâle, faible et amaigri, tomba à ses genoux pour couvrir sa main de baisers et de larmes brûlantes.

— Toi enfin! mon ami! s'écria, heureuse et délirante, la jeune aveugle en entourant de ses bras caressants le cou du jeune homme sur le front duquel sa jolie bouche déposa deux baisers. — Toi, moi, Alice, moi, le plus malheureux des hommes, à qui le préjugé le plus injuste te ravit à jamais! Alice! chère Alice! combien j'expie cruellement le refus de ta mère, hélas! Que devenir! que faire? mourir sans doute plutôt que de te voir devenir la femme d'un autre. — La femme d'un autre! oh! non, non, Étienne, jamais! Ce soir, je parlerai à mon aïeule, je lui dirai que, sans toi, la vie pour moi serait un fardeau. Étienne, espère, te dis-je, car je supplierai; je me jetterai à ses pieds, et elle ne pourra résister à tant d'amour et de désespoir; et puis, écoute encore, mon Étienne: il y a ici une dame ai-

mable et bonne que ma mère et moi connaissons depuis un mois à peine, la marquise Dartenay, sœur de M. Melville, bon jeune homme à qui je suis redevable déjà de n'être pas devenue la femme de ce prétendu cousin Flandin que je ne pouvais souffrir. Cette dame, qui m'a prise en affection, et me donne chaque jour des preuves de sa vive amitié, joindra donc ses prières aux miennes et gagnera notre cause, car sa puissance est grande auprès de mon aïeule. C'est donc pourquoi, ami, je t'ai fait venir ici pour te dire : espère! espère! — Merci, oh merci! du faible, mais bienheureux espoir que tu déverses sur mon cœur. Alice, Alice, quels sont donc ces êtres bienfaisants qui nous connaissent à peine, et qui s'intéressent si vivement à nous? — Je te l'ai dit, ami, un frère, une sœur que nul autre intérêt que la bonté de leur cœur engage à faire le bien, à venir en aide aux affligés.

Tandis que les deux amants disaient ainsi, assis côte-à-côte et se tenant les mains, un tiers, caché dans la pièce voisine, prêtait l'oreille à leurs discours, et dardait sur eux, à travers la fente d'une porte disjointe, un regard où se peignaient l'ironie et l'impatience: cet indiscret personnage n'était autre qu'Alexis Melville, lequel, à force d'épier l'infortunée jeune fille, était parvenu à découvrir les entrevues secrètes que depuis quelque temps et en cachette de sa grand'mère, Alice avait avec son jeune amant.

Après avoir, un jour, rencontré ce dernier dans le jardin où il s'était introduit par escalade, Melville, que sa coupable indiscrétion mettait au courant du lieu et de l'heure indiquée pour chaque rendez-vous, ne manquait donc jamais de précéder la jeune aveugle au chalet où, de la cachette qu'il avait choisie, il était témoin des transports et des douleurs de nos amants malheureux.

Le tintement de la cloche de la villa en annonçant que le dîner était servi, fut aussi pour Étienne et Alice le signal de la séparation, car prolonger davantage leur entrevue, eût été s'exposer à être découverts par quelques amis ou valets envoyés à la recherche de la jeune aveugle ; aussi, après s'être donné un nouveau rendez-vous pour le surlendemain, et pour s'être donné et rendu un chaste et tendre baiser, les amants quittèrent-ils le chalet, Alice pour regagner la villa, et Étienne le taillis situé au pied de la muraille qu'il devait escalader pour sortir du jardin.

Ainsi qu'Alice l'avait annoncé à Étienne, depuis un mois Régina, présentée par Melville à madame Blangi, sous le titre de marquise Dartenay, avait reçu de la vieille et trop confiante dame un accueil aussi gracieux qu'amical, et l'adroite-lorette, fidèle au rôle qu'elle s'était imposé, à force de prévenance, de gentillesse et de bonhomie, avait su plaire et se faire adorer de l'aïeule comme de la petite-fille, en sachant flatter à propos les goûts et les faiblesses de l'une et de l'autre.

Cette liaison datait à peine de quinze jours, que déjà, de part et d'autre, les visites se succédaient sans relâche: c'était dans sa villa de Nanterre que madame la marquise Dartenay recevait les Blangi dont chaque visite était le signal d'une nouvelle fête que s'empressaient d'improviser le frère et la sœur; fête de famille, dont une promenade en voiture dans les environs, un dîner friand au retour, et le soir, de la musique au salon, faisaient tous les frais.

Ce jour où nous retrouvons à la villa de Marly était donc celui où les dames de Blangi recevaient et fêtaient à leur tour leurs nouveaux et bons amis, et celui que Melville et Régina avaient choisi pour aborder la grande question de la demande en mariage d'une fille, dont ils savaient le cœur rempli d'amour pour un autre.

Ce fut donc à la suite du dîner, et comme nos quatre personnes réunies prenaient le café sur la terrasse où régnait à cette heure du soir, un air frais et embaumé de l'arôme des fleurs, que Régina, après avoir vanté les douceurs du mariage et le bonheur dont jouissaient deux époux bien assortis, d'un air enjoué, demanda à Alice si elle ne se sentait pas de goût pour l'hymen, question inattendue devant laquelle, devenue triste et tremblante, Alice demeura muette et pensive.

— Hélas! tel est le plus cher désir de mon cœur, celui de voir Alice devenir raisonnable, en acceptant un époux digne d'elle; mais il n'en est rien, car elle refuse; et cependant, qui, plus que tout autre, a besoin d'un ami dévoué, enfant que Dieu a privé de la lumière! soupira madame Blangi. — Oui, certes! aussi, veux-je employer toute l'autorité que me donne l'amitié qui m'unit à vous, ma chère Alice, pour vaincre une résistance dangereuse à votre bonheur à venir, fit Régina d'une voix câline, en prenant la jolie tête d'Alice, près de qui elle était assise, pour l'appuyer sur son épaule et y déposer une perfide caresse.

— Tenez, chère petite, reprit Régina d'un ton enjoué, j'ai ce qu'il vous faut sous la main, un bon et loyal jeune homme qui, depuis le premier instant qu'il vous vit, se meurt d'amour pour vous, sans oser vous le dire; dont le vœu le plus cher serait d'être l'heureux époux de votre choix... Oh! soyez sans crainte, ajouta la lorette en voyant Alice s'agiter péniblement, puis devenir plus pâle que le lis, celui dont je parle est un garçon de bonne et noble famille, occupant un rang des plus distingués dans la société, un ami enfin, sincère et dévoué, dont tout le bonheur, l'unique occupation, une fois devenu votre mari, serait de veiller sur vous avec tendresse, de guider vos pas, de charmer tous vos instants à force d'amour et de sollicitude.

— Hélas! quel est donc ce modèle des époux? interrogea en souriant madame Blangi, tout en jetant un regard sur Melville Blangi, tout à son rôle, baissait les yeux avec modestie et embarras, tandis qu'Alice, troublée et inquiète, se sentait défaillir. — Qui? ne l'avez-vous pas encore deviné? Eh bien! regardez mon cher frère, et vous connaîtrez le coupable, dit Régina. — Comment, ce serait monsieur Melville? fit madame Blangi avec contentement. — Lui-même!... Allons, Alexis, parlez à votre tour, beau honteux; à présent que j'ai lancé le grand mot, c'est à vous de faire le reste. — Ma sœur, en vous dévoilant le secret de mon cœur, madame, vous a fait comprendre mes désirs et mon unique ambition, comme quoi je m'estimerais le plus heureux des hommes si mes sentiments pouvaient être agréés par vous et votre céleste fille.... Parlez, mademoiselle, daignez m'apprendre ce que je puis espérer, ajouta Melville en s'adressant à Alice, qui, restée muette, glacée par l'épouvante autant que par la surprise, se leva vivement pour se diriger vers son aïeule, sur le sein de laquelle elle se laissa tomber en larmes en s'écriant d'un accent douloureux :

— Mère! mère! oh! mais vous savez bien que je ne veux pas me marier. — Calme-toi, ma chérie, Dieu m'est témoin que, pour tout au monde, je ne voudrais pas forcer ton cœur à une union qui te répugnerait. Alice, remercions monsieur Melville de ses bons et honorables sentiments à notre égard, et, pour entendre notre réponse mutuelle, assignons-le à quelques jours... Vous entendez, monsieur, à quelques jours? — Je me soumets, madame, mais en vous suppliant, belle Alice, de prendre mon amour en pitié; et vous, madame, d'intercéder auprès de votre charmante fille en faveur d'un malheureux qui place tout son espoir en vous. — Bien! très-bien, cher frère; maintenant, pas un mot de plus; ménageons cette chère enfant, qu'effaroucherait nos audacieuses prétentions, dont la sainte pudeur s'alarme rien qu'à ce mot mariage, et laissez à vos soins, à votre conduite le temps d'apprivoiser son cœur et de vous le rendre sensible, fit Régina d'un ton sentencieux.

A ces mots succéda un froid entretien auquel Alice, anéantie, ne prit aucune part, et que vint interrompre la fraîcheur, qui força nos personnages de quitter la terrasse pour rentrer au salon, où Alexis et Régina qui, ce soir-là, devaient retourner à Nanterre, tardèrent peu à prendre congé de la grand'mère et de la petite fille.

— Alice, fit madame Blangi, aussitôt qu'elle se vit seule avec la jeune aveugle, j'ai respecté, ce soir, ta frayeur enfantine et ton émotion devant nos deux amis; mais, maintenant que nous sommes libres et sans témoins, dis-moi, chère petite, ce que tu penses de la demande honorable que monsieur Melville vient de faire de ta main? Allons, parle sans crainte, mon Alice, confie-toi à la vieille mère qui ne veut que ton bonheur. — Au nom du ciel! prenez pitié de moi, ma mère! Non, jamais, jamais d'union avec cet homme! répondit Alice suppliante. — Alice, d'où naît cette injuste résolution? Monsieur Melville est un charmant cavalier, aux manières nobles et distinguées, d'une fortune et d'une naissance convenables; un homme enfin, tel que je le désire pour époux à ma fille bien aimée. Alice! Alice! je suis vieille, je puis mourir bientôt, et je ne voudrais pas te laisser seule sur la terre.... Alice, permets-moi donc de dire à monsieur Melville d'espérer. — Mon Dieu! mais vous savez bien que cela ne m'est pas possible, que je l'aime, ma mère, que j'aime! s'écria Alice désespérée en se laissant tomber, les mains jointes et suppliantes, aux genoux de son aïeule. — Alice, vous êtes folle, folle, vous dis-je, si, me croyant capable de faillir au respect que je dois à la mémoire de mon fils, votre père, et de votre digne mère, vous me croyiez assez lâche pour vous donner pour épouse au fils d'un de leurs valets d'écurie. Alice, oubliez une passion qui vous déshonore, si, même, vous ne préférez perdre mon estime et ma tendresse, dit madame Blangi d'une voix froide et sévère. — Ma mère, pitié! car je l'aime tant, ma mère! pitié au nom du ciel; et si vous me défendez d'être à lui, n'exigez pas, du moins, que je l'oublie, et que j'appartienne à un autre. — Enfant, qui prends au sérieux et pour de l'amour vrai une amitié d'enfance.... Va, calme-toi, réfléchis, et dans peu, après avoir rougi d'une faiblesse honteuse, tu redeviendras docile aux volontés de ta bonne et vieille mère.

Alice, souffrante et désolée, demeura muette à ces dernières paroles, et, n'osant plus espérer, laissa couler des larmes abondantes que sa grand'mère, quoique inflexible, s'efforça d'arrêter par ses paroles consolantes et ses caresses.

Pendant que se passait cette dernière scène à la villa de Marly, Melville et Régina, dans un élégant coupé traîné par deux chevaux rapides, le tout appartenant à un carrossier de Paris, et loué à tant par mois en échange d'un billet à ordre souscrit par Melville, ce dernier donc, ainsi que sa compagne, discutaient avec animation.

— Oui, je te le répète, Alexis, disait Régina, l'affaire est manquée, si, par un coup hardi, nous ne nous rendons maîtres de la volonté de cette petite mijaurée. Oh! crois-moi, la vieille mère, attendrie, séduite par les larmes et les prières de sa fille, finira par lui donner son amoureux pour mari, et nous pour en être pour les frais énormes, ruineux, que nous occasionne cette intrigue, dont la non réussite nous prépare une longue suite de gêne et de tourments. — Mais enfin! que faire pour dompter cette petite fille, qui ose me préférer un courtaud de boutique, mais que j'excuse presque, en faveur de la cécité dont elle est gratifiée ? — Fat! fit Régina en souriant, puis reprenant :

— Ce qu'il faut faire? J'y penserai cette nuit et vous en ferai part demain. Melville, réfléchis de ton côté, mon bon, et sérieusement encore, car vingt-cinq mille francs de rente à acquérir en valent bien la peine, termina la jolie lorette.

VI — TRAHISON

Le surlendemain des événements renfermés dans le dernier chapitre, et de grand matin, Alexis, renonçant, cette fois, à l'entrée d'honneur de la villa de Marly, escaladait furtivement la muraille du jardin et, à travers les charmilles, se dirigeait vers le chalet, dans lequel il pénétra, pour aller se blottir dans la même cachette d'où nous l'avons déjà vu sortir une fois.

Deux mortelles heures s'étaient écoulées depuis que Melville, silencieux et immobile, attendait impatiemment, lorsque la porte du chalet vint enfin s'ouvrir pour donner entrée à un homme, dans lequel Alexis reconnut Etienne, qui d'un pas vif et le regard inquiet, arrivait au rendez-vous indiqué l'avant-veille par Alice. Notre jeune homme en entrant se jeta sur un siège en poussant un douloureux soupir pour ensuite y demeurer pensif et silencieux, sombre rêverie à laquelle vint l'arracher le craquement du sable à l'extérieur et le bruit d'un pas timide. C'était Alice, Alice qui arrivait à son tour et à la rencontre de qui s'empressa de courir Etienne, pour se faire reconnaître d'elle, lui prendre la main et l'amener dans le chalet où ils prirent place sur un divan près, tout près l'un de l'autre.

— Alice, chère Alice! fit Etienne amoureusement en enlaçant la jeune aveugle de ses bras. — Etienne, pleurons, ô mon ami! car il n'est plus d'espoir pour nous, fit Alice en soupirant. — Oui, je sais; on repousse pour ton jeune ami le fils d'un serviteur. Ainsi l'aptitude, l'éducation, le courage de l'enfant du prolétaire, tous ses efforts pour devenir un utile et honorable citoyen, rien! rien de tout cela ne trouve grâce devant l'orgueilleux qu'a favorisé le hasard de la naissance et de la fortune. — Etienne, je t'en supplie, garde-toi, ami, de maudire ma mère! s'écria Alice. — Mais pour désoler ainsi le malheureux et lui refuser tout bonheur, vous, riches de la terre, vous oubliez donc sans cesse que vos titres, vos richesses vous viennent du hasard, et sont comme une poussière d'or qui vous rend plus éclatants, mais que le caprice du vent eût pu souffler ailleurs, reprit le jeune homme avec violence et amertume. — Etienne, calme ce transport, et plains ta pauvre Alice. — Plains-moi donc aussi, ô toi que je perds, plains un pauvre insensé qui, en rêvant ta douce possession, avait rêvé un bonheur impossible; celui qui désormais, seul au monde avec une pensée désespérante au cœur, va marcher vers la folie. — Etienne, loin de te désoler ainsi, prends courage, ami ; et malheureux ensemble, attendons tout du hasard et du temps, car Dieu prendra peut-être un jour notre amour en pitié. — Attendre, toujours attendre, et sans espoir ! Oh non ! cette tâche est désormais au-dessus de mes forces. Alice, crois-moi, ne confions au hasard ni notre avenir, ni notre bonheur ; que Dieu, ce jour même, reçoive nos serments, et sois à moi ; que ta mère, en apprenant que tu ne peux plus appartenir sans honte à un autre, consente enfin à légitimer nos nœuds. Alice chère Alice ! ne sois pas inflexible, et le bonheur est à nous pour la vie. — Hélas ! qu'oses-tu me proposer, insensé !... que je devienne indigne de ton estime, et un objet d'horreur à mes yeux ? Ah ! jamais ! jamais ! dit la jeune fille alarmée, tout en cherchant à se dégager des bras de son amant qui la pressait sur sa poitrine avec ivresse et transport, dont les lèvres pressaient amoureusement les siennes.

Anéantie et la tête perdue, Alice allait peut-être succomber, lorsqu'un bruit de pas et celui de la voix de Régina appelant Alice, en jetant l'épouvante dans le cœur de la jeune fille, rappela l'amant à la raison.

— Fuis ! dérobe-toi aux regards de cette femme, si mieux tu n'aimes faire mourir ta pauvre Alice de honte et de douleur, s'écria la jeune aveugle, les mains jointes et suppliantes.

Puis, entendant la voix de Régina, qui ne cessait d'appeler Alice, se rapprocher de plus en plus, cédant aux prières, à l'effroi de son amie, Etienne se leva, et s'élançant sur un petit escalier dont il venait d'ouvrir la porte, il gagna l'étage supérieur du chalet.

— A mon tour, maintenant ! murmura alors, et tout bas, Melville en sortant de sa cachette pour aller vivement fermer à double tour la porte de l'escalier, et revenir aussitôt auprès d'Alice qui, le prenant pour Etienne, le conjura de nouveau de partir au plus vite.

— Ne crains rien, elle s'est éloignée, dit tout bas Alexis, imitant la voix d'Etienne et en prenant la place et l'attitude de l'amant.

— Etienne, madame Dartenay peut revenir, car elle me cherche ; par pitié, fuis, éloigne-toi, je t'en conjure... Hélas ! que fais-tu, malheureux ? pitié, pitié, te dis-je ! ô mon Dieu, rappelez sa raison ! secourez-moi, mon Dieu ! Etien...

Alice ne put achever, car les lèvres de Melville étouffaient sa voix et le cri de son déshonneur.

— Etienne, qu'avez-vous fait, infâme ! Hélas, vous m'avez outragée, perdue ! Etienne est-ce donc ainsi que vous deviez payer ma tendresse ? — Ton séducteur, Alice, n'est point celui que tu penses, mais bien moi, Melville, ton heureux amant.

A ces mots, Alice poussa un cri déchirant et tomba évanouie dans les bras de Melville qui l'enleva et l'emporta hors du chalet en se dirigeant vers la villa, où il fut la déposer froide et inanimée sur le divan du salon, pour ensuite tirer le cordon d'une sonnette, dont le bruit fit accourir une femme de chambre.

— Henriette, voyez, mademoiselle Blangi se trouve mal ; hâtez-vous de la secourir.

Cela dit, Alexis, laissant la jeune fille aux soins de la servante, s'empressa de quitter de la villa pour courir au bois de Marly, où devait l'attendre Régina, qu'il ne trouva pas au rendez-vous, Régina qui, d'un des taillis du jardin où il s'était tenue cachée, avait vu sortir du chalet Melville emportant Alice.

Mais un désir curieux dominait la lorette, celui de connaître l'homme qu'Alice préférait à Melville ; aussi, au lieu de se rendre au bois de Marly, pénétra-t-elle dans le chalet afin d'y rendre la liberté à Etienne, en lui ouvrant la porte du petit escalier, restée fermée à double tour ; puis ensuite pour aller s'asseoir à la place qu'occupait Alice un instant auparavant, et là, immobile et silencieuse, attendre qu'il plût à Etienne de se montrer.

Le jeune homme après avoir quitté l'appartement du premier, avait entendu un pas de femme, et pensant que c'était Alice qui venait lui rendre la liberté, Etienne donc n'hésita plus pour se présenter dans le salon où son regard surpris, croyant rencontrer Alice, n'aperçut qu'une femme qui lui était inconnue. Régina, de son côté qui, après les récits mensongers de Melville, s'attendait à ne rencontrer dans Etienne qu'un homme des plus ordinaires, fut frappée d'étonnement en voyant apparaître un jeune homme aux cheveux blonds, porteur d'une figure charmante ornée de beaux yeux expressifs, qu'il dardait sur elle avec surprise et embarras.

— Ne craignez rien, monsieur, et voyez en moi une amie, la marquise Dartenay envoyée vers vous par Alice, afin de vous prier de quitter cette demeure le plus tôt possible pour n'y plus reparaître sans qu'elle vous y rappelle, et cela, sous peine d'encourir sa disgrâce, dit d'une voix douce et émue la lorette, tout en fixant sur le jeune homme un regard de surprise et de bienveillance. — Merci, madame, merci pour vous, qui daignez me transmettre une volonté, bien cruelle il est vrai, mais à laquelle j'obéirai ; mais cependant avant de m'éloigner, ne m'est-il pas permis de revoir un instant, un seul, mademoiselle Blangi, afin de lui adresser mes adieux ? — Non, monsieur, j'ignore ce qui a pu vous mériter de la part de cet ange, cet excès de sévérité, mais telle est sa volonté, veuillez donc vous y conformer. — J'obéis, madame, dit Etienne les yeux remplis de larmes en faisant un pas pour se retirer, mais que Régina, qui s'était levée, retint doucement par le bras.

— Monsieur Etienne, est-ce qu'une amie, une conciliatrice, qui plaiderait en votre faveur auprès de la femme dont un instant d'égarement vous a attiré la disgrâce, ne vous serait pas précieuse et secourable ? — Une disgrâce ! quoi, madame, Alice vous aurait dit ?... — Rien, monsieur ; mais durant votre entretien avec elle, j'étais là, près de cette croisée, d'où j'ai tout vu, tout entendu, d'où encore le son de ma voix, porta l'effroi dans votre âme, et sauva l'honneur d'Alice, auquel votre raison égarée osait porter atteinte.

— Grâce, madame, grâce pour un insensé que l'amour égarait, dit Etienne en fléchissant le genou devant Régina qui s'empressa de le relever.

— Monsieur, Alice, offensée, a juré de ne vous pardonner de sa vie, de vous oublier même ; mais votre douleur, votre repentir lui seront connus par ma voix. Espérez donc, et demain, sur le soir, venez me voir chez moi, à Nanterre, où je vous attendrai, afin de vous faire part des intentions d'Alice à votre égard. Vous demanderez, dans le village, madame la marquise Dartenay. Maintenant, monsieur Etienne, adieu et au revoir, car Alice, souffrante, m'attend avec impatience. — Adieu donc, madame ; et, puisque vous êtes si charitable, soyez-le donc encore pour prier en faveur d'un coupable repentant, afin d'obtenir, s'il se peut, un pardon sans lequel il lui serait désormais impossible de vivre. — Comptez sur mon zèle, répondit Régina en présentant sa main au jeune homme, qui s'empressa d'y déposer un baiser respectueux pour s'éloigner ensuite, le cœur navré de douleur.

— Vraiment, ce garçon-là est un cavalier ravissant, qui mérite, certes, mieux que l'amour d'une aveugle dans l'impossibilité d'admirer et de rendre justice à ses yeux admirables et langoureux, à sa tournure élégante. Décidément, je crois que le mieux que je puisse faire est de confisquer le petit amoureux à mon profit, dans l'intérêt de Melville et de l'honneur de la respectable aïeule.

Ainsi disait Régina en regardant s'éloigner Etienne ; puis, l'ayant vu disparaître au loin :

— Maintenant, reprit-elle, allons voir et entendre ce qui se passe et se dit dans la sainte famille.

Notre lorette se dirigea donc vers la villa, où, à son arrivée, elle trouva l'effroi et la consternation. Une vieille et respectable femme, agenouillée et en larmes, de qui elle ne pouvait obtenir un regard, ni une parole.

— Marquise, chère marquise ! c'est Dieu qui vous envoie à notre secours ! Voyez ! voyez ! dans quel état est ma pauvre fille, s'écria madame Blangi, la tête perdue, en voyant entrer Régina. — Hélas ! qu'est-il donc arrivé à cette chère enfant ? fit la lorette en jouant la surprise, l'empressement, et courant s'emparer de la tête d'Alice pour l'appuyer sur son sein avec tendresse et sollicitude. — Mon Dieu ! je l'ignore ; mais votre frère, qui était présent lors de son évanouissement, peut seul nous instruire.... Où est-il ? où est-il ? dit madame Blangi. — Parti pour Nanterre, d'où il ne tardera sans doute pas à revenir. — Ainsi, marquise, vous n'avez aucune idée de ce qui a pu occasionner le malheur de cette pauvre enfant ? — Non, en vérité : peut-être une peur, une chute... A propos ! avez-vous fait appeler un médecin ? — Oui, un de mes gens est allé le prévenir.

Et Régina, joignant ses efforts à ceux de la vieille mère, parvint enfin à arracher un long et douloureux soupir du sein de la jeune fille, soupir que son aïeule s'empressa de

recueillir et de payer d'une caresse que repoussa Alice en murmurant d'une voix craintive :
— Où suis-je ? qui êtes-vous ? — Dans les bras de ta vieille mère, mon enfant, et de ta bonne amie, la marquise Dartenay, répondit madame Blangi. — Madame Dartenay ! s'écria alors Alice avec frayeur en s'empressant d'entourer de son bras le cou de son aïeule, pour, de l'autre, repousser Régina, dont ce mouvement fit blêmir les lèvres de dépit et d'impatience. — Alice, chère enfant ! je t'en supplie, apprends à ta bonne mère où est le mal que tu ressens, et quelle en est la cause ?
Pour toute réponse à l'interrogation de son aïeule, Alice laissa de ses yeux échapper un ruisseau de larmes.
Sur ces entrefaites, la porte du salon s'ouvrit, et se présenta le médecin, à la rencontre duquel courut Régina pour l'amener avec empressement auprès de la malade, qu'en vain il interrogea sur la cause du mal, sans pouvoir en obtenir de réponse. Quelques instants encore, et l'homme de l'art s'étant retiré après avoir ordonné le repos et quelques légères potions, la jeune malade était transportée dans sa chambre et déposée sur son lit, où elle demeura morne et silencieuse, le visage caché dans ses deux mains, à travers lesquelles les larmes se faisaient passage, tant elles étaient abondantes chez la pauvre enfant.
La journée s'écoula douloureuse pour Alice et sa mère, mortellement longue et maussade pour Régina, qui, son rôle d'amie dévouée et de consolatrice enchaînait au chevet d'un lit, entre une fille larmoyante et une vieille femme inquiète et désolée, priant Dieu pour son enfant.
Melville n'avait point reparu à la villa, au grand regret de madame Blangi, qui, espérant se renseigner auprès de lui, concernant la subite indisposition d'Alice, attendait le retour du jeune homme avec une vive impatience.
La septième heure du soir venait de sonner, et la nuit envahissait la chambre de la malade, où, en ce moment, régnait un morne silence, où Alice, seule, donnant enfin trève à sa douleur, semblait reposer d'un sommeil paisible. Régina, qui, depuis plus de deux heures, était demeurée muette, s'arrachant subitement à ses réflexions, quitta le siège qu'elle occupait aux pieds du lit, pour faire signe à madame Blangi de la suivre dans la pièce voisine, où, réunies sans témoins, la fausse marquise s'exprima ainsi en s'adressant à la vieille dame :
— Chère amie, je vous ai amenée ici afin de vous faire part d'une résolution que je désire vous soumettre, celle d'interroger moi-même Alice, sans témoin, sur la cause de ce mal subit qui s'est emparé d'elle, et dont elle s'obstine à nous taire la cause. Il est de ces confiances qu'une jeune fille n'ose faire à sa famille, et dont une amie obtient souvent l'aveu ; permettez donc que je sois seule quelques instants avec notre chère fille, afin d'essayer si, plus heureuse que vous, je ne viendrai pas à bout de connaître un secret qui, non moins que vous, bonne mère ! m'inquiète et me chagrine. Répondez, que pensez-vous de mon projet ? — Qu'il est sage, digne de votre bon cœur, et que je l'approuve. Oui, secondez mon impatience, chère marquise ! voyez, interrogez Alice, et hâtez-vous ensuite de venir m'instruire chez moi, où je vais me retirer en vous attendant. — Allez donc, et comptez sur mon zèle comme sur mon adresse.
Ayant dit, Régina accompagna la vieille dame jusqu'à sa chambre à coucher, séparée de celle d'Alice par un petit boudoir, et, pour que rien de l'entretien qu'elle se proposait d'avoir avec la jeune fille ne parvînt aux oreilles de l'aïeule, Régina donc eut soin, en se retirant, de fermer toutes les portes derrière elle.
En rentrant dans la chambre, la lorette, à son grand contentement, trouva Alice accoudée sur un oreiller et la tête appuyée sur sa main : Alice, livrée à de profondes et douloureuses réflexions, et que trahissaient les deux larmes qui sillonnaient ses joues.
Ayant entendu le bruit que Régina avait fait en entrant, Alice avait laissé retomber sa tête sur l'oreiller ; mais Régina, la sachant éveillée, n'hésita pas à s'approcher du lit, de s'y asseoir, puis de prendre dans la sienne la main de la jeune aveugle, que cet attouchement fit tressaillir.
— Alice, c'est moi ; nous sommes seules ; veuillez m'entendre. — Que me voulez-vous, madame ? — Alice, je connais le funeste motif de votre douleur.
A cet aveu, Alice poussa un cri et se cacha vivement le visage dans ses deux mains.
— Allons, du courage, enfant ; il ne s'agit pas de toujours pleurer un malheur, mais bien de le réparer au plus vite, en vous sauvant de la honte par un mariage avec votre séducteur, mon coupable frère. — Un mariage avec cet infâme ! oh ! jamais ! s'écria la jeune fille avec force. — Alice, chère fille, tout en blâmant la conduite de Melville, je ne puis en accuser que le violent amour que vous lui avez inspiré ; puis, cette fièvre passionnée, violente, qui s'est emparée de lui en voyant un audacieux rival prêt à profiter de votre égarement et de votre faiblesse pour vous outrager en vous imposant le déshonneur. Alice, mon frère est peut-être moins coupable que cet amant que vous lui préférez, lequel avait froidement calculé votre perte afin de contraindre la volonté de votre aïeule, qui le repousse pour votre époux ; mais mon frère n'a donc pu voir sans frémir ni perdre la raison un audacieux prêt à lui ravir la possession d'une femme dont, le jour même, la main venait de lui être promise par votre aïeule. Alice ! Alice ! mon frère, effrayé de son crime, redoutant votre courroux, attend son pardon pour oser reparaître ici. Alice ! reprit insidieusement Régina, voyant la jeune fille garder le silence, songez qu'en ce moment vous pouvez être mère.
— Mon Dieu ! faites qu'un pareil malheur ne vienne pas encore m'accabler ! mon Dieu, arrachez-moi de ce monde qui désormais, ne peut plus être pour moi qu'une vallée de larmes et de douleur ! soupira la pauvre fille en sanglotant, et levant ses bras vers le ciel. — Pourquoi ce triste pressentiment, lorsque d'un mot, mon enfant, votre honte peut s'effacer ? Alice, devenez la femme de mon frère, d'Alexis qui vous adore et n'aura d'autre volonté que la vôtre, celle de vous plaire et de vous servir. Alice, si vous devenez mère, ne voulez-vous donc pas donner un père à votre enfant ? voulez-vous condamner deux hommes à se battre, à se donner la mort ? — La mort ! fit Alice avec effroi et surprise. — Oubliez-vous que si un mariage entre vous et mon frère ne vient effacer votre déshonneur, un duel entre Etienne et Melville devient inévitable ? que déjà les deux rivaux se sont provoqués, donné rendez-vous ? — Il se pourrait, grand Dieu ! — Qu'Etienne, dans cette lutte, court le plus grand danger, ayant affaire à un adversaire redoutable que vingt combats singuliers ont aguerri, ajouta Régina, en appuyant sur ces paroles, afin de les imprimer avec plus de force dans la pensée de la jeune fille. — Mon Dieu ! votre frère le tuera, dites-vous, si je ne deviens sa femme ? — Infailliblement ! évitez donc ce malheur, évitez à vous-même la douleur d'avoir à vous reprocher la mort d'Etienne ; Alice, cédez ! songez que votre honneur dépend de ce mariage. — Ce mariage, mais si je préfère la mort au désespoir d'être unie à cet homme que je déteste ? dit Alice avec force. — Alors votre amant, percé d'un fer ou par un plomb meurtrier, vous précède dans la tombe ; ce duel, cette mort font du bruit, la vérité perce, et la nouvelle de votre déshonneur, circulant de bouche en bouche, vient aux oreilles de votre respectable aïeule qui, désespérée, humiliée, n'y survivra pas. — Ah ! madame, comme vous me torturez ! disait Alice au désespoir en se tordant les bras. — Dieu me garde d'une telle cruauté, chère petite ! seulement ma sincère amitié cherche en ce moment à guider votre raison, à vous rendre le bonheur et le repos en vous faisant entrevoir que désormais, une union entre vous et cet Etienne est devenue impossible. Alice, croyez-moi, séchez vos larmes, prenez confiance, et le bonheur renaîtra pour vous. — Le bonheur, dites-vous ! il n'en est plus, madame, pour celle qui vous condamne à expier le crime de votre frère, pour celle que M. Melville a rendue désormais indigne de l'estime et de l'alliance d'un honnête homme. Oh oui ! vous avez raison, il faut me résigner à devenir la femme de mon bourreau, tout me le commande, l'honneur, la crainte d'être mère... Allez donc en paix, madame, car vous avez gagné votre cause ; oui, allez apprendre à votre indigne frère que sa victime est prête à recevoir son nom, à le porter avec résignation jusqu'à ce que le ciel, prenant sa souffrance en pitié, daigne la rappeler à lui.
Régina, que ce dernier aveu d'Alice venait de remplir d'une joie secrète qu'elle avait peine à dissimuler par mille paroles consolantes et affectueuses, essaya de tranquilliser la jeune fille, de lui faire entrevoir un avenir de bonheur et de félicité ; puis, certaine de son triomphe, mais voulant de suite frapper le dernier coup, elle quitta donc Alice pour courir rejoindre madame Blangi, qui l'attendait avec non moins d'impatience que d'inquiétude, et qui, en la voyant paraître souriante, s'empressa de l'interroger sur l'état de sa petite-fille et la cause de son malaise.
— Je sais tout, dit aussitôt Régina : la douleur et la honte d'avoir été surprise par mon frère dans le chalet, lors d'une

entrevue avec cet Etienne, l'émotion que lui a occasionné a querelle, assez vive, survenue entre les deux rivaux, tels sont les incidents auxquels notre chère Alice attribue le malaise subit qui s'est emparé d'elle. Allons, bonne mère, faites grâce à cette désobéissance, en faveur du repentir, car Alice, devenue docile à vos volontés, à mes conseils, consent enfin à recevoir, en mon heureux frère, l'époux que vous daignez lui souhaiter. — En vérité! comment vous avez su amener Alice à mes désirs? Merci, merci, chère et bonne marquise; vraiment, vous êtes une amie aussi rare que précieuse. Maintenant, rendons-nous vite auprès de cette chère fille, que je brûle de revoir et d'embrasser.

VII — TROIS AMANTS

Après avoir agité fortement le cordon de la sonnette, et s'être fait ouvrir par la femme de chambre, la porte de l'appartement de la rue Neuve-Saint-Georges, Flandin, ce soir, vêtu avec soin et coquetterie, frisé, parfumé, bichonné, s'informait si madame la marquise Régina Dartenay était visible, et sur la réponse de la chambrière, que madame, non-seulement était au logis, mais encore qu'elle l'attendait avec impatience, Flandin joyeux et fier s'élança dans l'appartement pour aller frapper à la porte du boudoir. Une voix, non vibra délicieusement à son oreille, l'invita à entrer. Aussitôt dit, Flandin était aux pieds de Régina, dont il baisait amoureusement la blanche main.

— Enfin, vous voilà donc, monsieur! comme vous vous êtes fait attendre! — Pardon mille fois, adorable marquise, mais c'est la faute de mon notaire. — C'est différent! M'apportez-vous enfin ces vingt mille francs? — Non, pas encore.

Sur cette réponse négative, Régina laissa échapper un mouvement d'impatience.

— En vérité, Zéphyrin, je ne comprends rien à cette lenteur, à ces remises continuelles de votre part. Quoi! vous me courtisez assidûment depuis bientôt deux mois, vous dites m'aimer, et, sur cette assurance, je laisse mon pauvre cœur s'éprendre à vos discours, en dépit du serment qu'il avait fait d'être pour toujours inflexible, et, en récompense d'un si tendre retour, vous me faites attendre un siècle, une vingtaine de misérables mille francs dont j'ai le plus grand besoin, et que je vous emprunte de confiance et d'amitié. — Pardon! mille pardons, adorable marquise, mais que vos reproches ne me frappent, de grâce! que sur mon lambin de notaire, et les nombreuses formalités auxquelles est assujéti un pauvre rentier forcé de déplacer son argent. — Mais encore, quel jour espérez-vous donc? — Demain matin sans nulle remise. — L'heure? — Midi. — Je puis y compter? — Comme si vous le teniez; et maintenant que l'affaire d'argent est réglée, parlons de nos projets, de mon amour, ô vous pour qui j'ai renoncé à la main de ma cousine Alice Blangi, vous, belle et adorable marquise! dont la possession est mon plus brûlant désir, s'écria Flandin avec transport, après s'être laissé glisser de son siège aux genoux de Régina, dont il pressait tendrement la main. — Serez-vous un bon mari? promettez-vous de rendre votre petite femme bien heureuse! fit la lorette d'un ton câlin, en passant ses doigts dans la chevelure de Flandin. — O ciel! pouvez-vous le demander! vous, la reine de mon cœur et de ma pensée, vous, mon ivresse et ma divinité; Régina, mon âme, ma vie, prenez pitié de mon martyre, de ma dévorante impatience, en daignant fixer vous-même le jour fortuné où il me sera permis de vous conduire à l'autel! — Bientôt, mon Zéphyrin, ainsi que je vous l'ai déjà dit, aussitôt que l'intendant de mes propriétés aura réglé mes affaires, et arrêté le chiffre de mes revenus, que mes folles dépenses et mes prodigalités ont horriblement réduit. — Ah bah! votre revenu serait compromis? s'écria Flandin d'un ton où perçaient l'inquiétude et la surprise. — Hélas! de plus de moitié, au point que tant fermes qu'en terres et forêts, il ne me reste tout au plus qu●30 mille livres de rente. Heureusement pour moi, mon bon Zéphyrin, que je rencontre un ami, un amant sincère, dont le cœur désintéressé n'ambitionne de la pauvre femme que le cœur, et non la fortune. — Oui, certes! ô ma gracieuse, et je prends à témoin le ciel qui m'entend, que n'eussiez-vous que vos charmes divins en partage, que je m'estimerais encore trop heureux mille fois de vous posséder, s'écria Flandin avec feu. — Merci, de vos bons sentiments, mon ami, car je suis heureuse, bien heureuse, de rencontrer en vous un cœur qui réponde au mien, que jamais ne guida le vil intérêt... Ainsi, vous

m'assurez que, demain sans nul retard, et à midi précis vous me remettrez l'argent en question? — Comptez sur mon exactitude pour remplir scrupuleusement cette promesse, chère amie.

Encore un quart d'heure de cet entretien, puis Régina, sous le prétexte d'une sortie indispensable, congédia l'amoureux Flandin pour, aussitôt le départ de ce dernier, aller ouvrir une petite porte que masquait la tenture d'étoffe tuyautée de son boudoir, et donner entrée à Melville, qui débuta par un grand éclat de rire et forces félicitations adressées à Régina sur son expérience dans l'art d'exploiter les imbéciles.

— Ainsi, vous l'avez entendu, ce n'est que demain que le cher garçon nous comptera ses écus, dit la jeune femme. — Pourvu qu'il ne s'avise pas de nous manquer encore une fois de parole, car alors mon embarras serait extrême. — Certes! à qui le dites-vous? non-seulement pour vous, mais encore pour moi, à qui cette infâme revendeuse du Temple n'a accordé que jusqu'à demain soir pour tout délai, sous peine de me voir enlever le mobilier que j'ai été assez maladroite pour lui donner en garantie d'une créance de cinq cents francs. — Bah! qu'est-ce qu'un misérable mobilier en comparaison d'un mariage qui va nous enrichir de vingt-cinq mille francs de rente. — Dans huit jours, n'est-ce pas, Alexis? fit Régina joyeuse. — Dans huit jours, si d'ici-là il n'arrive pas de catastrophe imprévue capable de renverser nos plans. — Eh! que pouvons-nous craindre? ne sommes-nous pas maîtres de la bonne vieille, qui raffole de nous, ainsi que de la fillette, devenue presque idiote depuis son aventure galante avec vous, pauvre être que nous avons réduit au crétinisme, incapable désormais d'avoir ni d'exprimer une volonté? — Fort bien! mais pour les frais et dépenses de ce doux hyménée, qu'en qualité d'homme riche et titré je veux et dois conclure en prince, il me faut de l'or, beaucoup d'or, et si Flandin, notre unique ressource, venait à nous manquer de parole, au diable la noce! — Mais soyez donc sans inquiétude de ce côté, et veuillez, monseigneur, moins douter de la puissance de mes charmes et du prisme qu'exercent sur le cœur du stupide Flandin, les trente mille francs de rente dont je me suis dotée, et qu'il croit déjà tenir. A propos, Alexis, ajouta la jeune femme, que dois-je attendre de votre reconnaissance, en faveur de tout le mal que je me donne, moi, votre maîtresse, pour vous marier richement? — Ne le savez-vous pas? Le partage, mordieu! de la fortune dont je vais être redevable à votre adresse. — Parfait! mais je vous avouerai, à ma honte, mon très-bon, que je suis trop positive pour avoir confiance en la simple promesse d'un amant, et surtout d'un amant que j'ai la générosité de marier avec une jeune et jolie fille. — Où voulez-vous en venir, Régina? — A vous prier, mon bon, de me signer, séance tenante, une reconnaissance de cent mille francs, payables huit jours après votre mariage avec mademoiselle Alice Blangi. — N'est-ce que cela? — Rien que cela... Voici l'acte rédigé en bonne forme de la main de mon homme d'affaires..... Signez donc!

Tout en disant, Régina, qui venait de sortir ledit acte d'un tiroir, le présentait à Melville, qui, même sans daigner le lire, s'empressa d'y apposer sa signature.

Cette formalité remplie, la jeune femme s'empressa de plier le papier et de le remettre où elle l'avait pris.

— Maintenant, Melville, il faut partir et me laisser seule, dit Régina en riant. — Qu'est-ce à dire? fit Alexis avec surprise, en fixant un regard mécontent sur sa maîtresse. — Cela signifie, qu'en votre faveur, il me faut encore ce soir donner audience à un soupirant jeune et beau, que je m'efforce de captiver, afin qu'il n'aille pas se jeter à la traverse dans nos projets de fortune. Comprenez-vous? — Très-bien! Il s'agit du tendre et vaporeux Etienne Rabouleau, que vous recevez imprudemment ici, sans réfléchir que sa mère pourrait lui avoir donné le change, où qu'il peut vous reconnaître et nous dénoncer auprès des Blangi. — A d'autres, beau sire! une semblable niaiserie; quant à moi, veuillez mieux augurer de mon adresse en apprenant qu'il est, non loin d'ici, certain petit appartement que me prête une bonne fille de mes amies, appelée Hortense Fauvet, aujourd'hui en voyage pour courir après un ex-danseur du noble Opéra, dont elle s'est éprise, et qui lui emporte son cœur et ses quelques diamants qu'elle lui a confiés. — Compris! et c'est dans l'appartement de ladite Ariane que madame la marquise Dartenay daigne recevoir l'innocent jeune premier de notre comédie? — Ce soir même à neuf heures, répondit Régina; puis, voyant Alexis devenir pensif : A quoi songez-vous, mon bon? — Chère amie, que cet Etienne est un fort joli garçon, et qu'il doit être doux pour une femme de consoler un semblable amoureux. — Surtout lorsque ledit amoureux se consume pour une autre femme qu'il trouve seule digne d'adoration.... Allez donc en paix, Melville, et que le jour de demain vous retrouve à Marly, où je tarderai peu à vous rejoindre.

Une demi-heure après ce dernier entretien, Régina quittait sa demeure pour se rendre rue de la Bruyère, où était situé le domicile de son amie Hortense Fauvet, et là, s'installait dans un petit et élégant appartement tout rempli, par ses soins, de fleurs et de parfums.

Après quelques minutes d'attente, Régina, entendant la sonnette s'agiter timidement, s'empressa d'aller ouvrir à Etienne, qui, les yeux baissés, lui adressa un profond salut.

— Soyez le bienvenu, monsieur.

Et cela disant, Régina introduisait le jeune homme dans le boudoir, où elle le fit asseoir sur un moelleux tête-à-tête, et à ses côtés.

— Eh bien, monsieur, comment va ce pauvre cœur? Mieux, j'espère, que lors de notre première et dernière entrevue à ma villa de Nanterre? — Hélas! madame, ignorant du sort de celle qu'il aime et le remplit tout entier, ce cœur vient à vous, encouragé par vos bontés, chercher un peu de consolation. Dites! oh dites, madame, qu'Alice, moins irritée, consent enfin à ce que j'aille solliciter ma grâce à ses genoux. Dites encore si votre intercession bienveillante auprès de madame Blangi me permet d'espérer.

Et en parlant ainsi d'une voix émue, Etienne attachait un regard suppliant sur celui de la jolie femme.

— Pauvre enfant! dit à son tour Régina, prenant entre les siennes la main d'Etienne, hélas! qu'il m'en coûte de vous affliger; mais serait-il généreux de ma part de laisser en votre âme exister un vain espoir, qui, grandissant avec le temps, rendrait la déception mille fois plus cruelle encore? Etienne, hier, j'ai plaidé votre cause auprès de madame Blangi, j'ai prié, supplié, et n'ai rien obtenu; cette femme orgueilleuse est demeurée implacable.

Etienne, que cette nouvelle anéantissait, porta la main à ses yeux pour en essuyer les larmes.

— Quant à votre Alice, reprit Régina, alitée, souffrante, en proie à un égarement, une divagation qui tient de la folie, impossible de rien lui faire comprendre. — Et c'est moi qui suis la cause d'une semblable douleur! murmura le jeune homme. — Allons, point de pensées sinistres. Convient-il à un homme courageux et de votre âge de se laisser ainsi emporter par la douleur? Etienne, un funeste préjugé vous ravit aujourd'hui la femme de votre cœur, le préjugé, fils de l'orgueil, contre lequel le mérite lutterait en vain. Croyez-moi donc, mon ami, essayez d'arracher de votre âme une passion sans espoir, et au lieu de vous condamner à une douleur profonde, dangereuse pour votre santé et votre avenir, cherchez dans un autre amour une douce compensation à l'oubli de vos peines. — Un autre amour? oh! jamais! s'écria Etienne avec force. — Toujours! répliqua Régina en souriant; mon Dieu, est-il un amour, une douleur qui soient éternels? Etienne, du courage, vous dis-je; séchez vos larmes et regardez-moi, à moins que vous ne me trouviez laide à faire peur. — Ah! madame, fit le jeune homme en souriant tristement, — Eh bien, comment me trouvez-vous? — Bien belle, madame?

— Pourtant, moi aussi, je fus malheureuse en amour; moi aussi, j'avais fait le serment de ne plus aimer jamais.... Tenez, Etienne, essayons, par une bonne et franche amitié, à nous consoler ensemble d'un funeste passé.... Voyons, monsieur, répondez: voulez-vous être mon ami? dit d'un air caressant et malin Régina, en pressant dans ses mains brûlantes les mains du jeune homme, que ce doux attouchement, cette tendre pression attendrissaient.

Franchement, il faut en convenir, rien n'était plus beau ni plus séduisant que cette femme, dont les yeux limpides et caressants jetaient, en ce moment, des éclairs d'amour, dont la bouche souriante et rosée, avec ses dents fines et blanches, appelait le baiser, dont les mains potelées et caressantes, par leur toucher moelleux, faisaient frissonner d'amour et de volupté.

— Merci, madame, oh! merci mille fois du doux intérêt que vous me témoignez. Oh! oui! à vous mon amitié, mon dévouement, ma vie! s'écria Etienne emporté par la reconnaissance, Etienne, dont la joue de Régina venait effleurer la sienne, et par ce doux contact d'amener la rougeur sur son visage.

VIII — UN MARIAGE

Le huitième jour après les événements qu'on vient de lire, l'église du village de Marly était encombrée d'un public nombreux, attiré dans son sanctuaire par la curiosité.

C'est qu'il s'agissait ce jour là d'assister à la messe de mariage de la demoiselle la plus riche du pays, avec un beau monsieur de Paris, et plus encore de voir comment s'en acquitterait la mariée, jeune fille aveugle de naissance.

Les cloches sonnaient à toutes volées comme deux riches équipages s'arrêtaient à la porte du temple, où se pressait la foule curieuse. De l'une de ces voitures descendit la mariée, jeune, belle et chétive créature plus pâle qu'un lis, dont le visage était empreint d'une douleur mortelle, et de qui la vive émotion se trahissait par un violent tremblement. C'était la pauvre Alice qu'on plaçait ce jour-là devant l'autel, Alice, qu'épousait ce jour-là, Alexis Melville, à qui, en présence de Dieu, elle allait réitérer le serment qu'elle venait de balbutier devant le maire de la commune, celui d'obéissance et de fidélité à l'homme que le devoir et la réparation de son honneur la forçaient d'accepter pour mari.

Mais laissons les nouveaux mariés marcher à l'autel, et retournons un instant à Paris, dans la demeure de Régina, dont Flandin venait de franchir la porte cochère pour se diriger vers la montée d'un pas leste, en fredonnant un gai refrain, et aller se heurter sur la première marche contre une jeune fille, laquelle, à sa vue, jeta un petit cri de surprise qui fit tourner la tête au jeune homme lequel, à son tour laissa échapper un : ah bah! des mieux prononcés.

— Comment! c'est encore vous, monsieur? Ah ça! mais il est donc écrit là haut que chaque fois que je vous rencontrerai ce sera pour m'écraser et me martyriser? Pourquoi me regardez-vous ainsi d'un air ébahi? ne me reconnaissez-vous pas, monsieur Anastase Prichard? — Mais si, si! Eh oui, c'est bien vous la jeune et jolie fille dont, il y a deux mois à peu près, j'eus le bonheur de faire la rencontre, un soir, sur le boulevart? Oui, vous êtes la gentille Frigolette. — C'est cela même, à qui vous en contâtes, Dieu sait comme, pour ne plus penser à elle le lendemain; la preuve, c'est qu'elle n'entendit plus parler de vous malgré vos belles promesses. — Pardon, pardon mille fois, charmante Frigolette, de mon coupable oubli ; mais n'en accusez que les nombreuses et importantes affaires qui sont venues m'accabler le lendemain même de mon heureuse rencontre avec vous. Mais, dites-moi, habiteriez-vous par hasard cette maison? — Non, monsieur, mais toujours la cour de la Corderie et ma boutique du Temple; et si vous me rencontrez ici, c'est que j'y suis venue de la part de ma bourgeoise afin de faire une visite intéressée à une de nos pratiques, mademoiselle Régina Tronchon, la plus insolvable de toutes les lorettes passées, présentes et futures. — Ah! vous allez chez une Régina, et moi aussi, je vais chez une Régina, mais celle-là est la marquise Dartenay, femme belle et riche et de grande noblesse, qui occupe l'appartement du second. — La mienne aussi habite le second, mais loin d'être une marquise, elle n'est qu'une coquine, une aventurière, dont ma bourgeoise va faire vendre les nippes et le mobilier, reprit la jeune fille. — O ciel! vous me faites frémir, Frigolette! et vous dites que c'est au second qu'habite votre Régina? en êtes-vous bien sûre, Frigolette? interrogea Flandin devenu pâle et tremblant.

— Comment, si j'en suis sûre! mais oui, et même que sa femme de chambre vient de me répondre en ricanant à mon nez, que madame était à la noce. — Frigolette, si vous ne m'induisez pas en erreur, je suis volé, volé de vingt mille francs que j'ai prêtés, il y a huit jours, à cette marquise Dartenay, Frigolette, venez! venez!

Et Flandin de saisir la jeune fille par le bras pour lui faire gravir les deux étages au galop, puis lui montrant la porte de Régina :

— Est-ce bien ici? fit-il avec effroi. — C'est là, bien là l'appartement de mademoiselle Régina Tronchon, fille unique de madame Tronchon, portière, rue Chapon, lorette par état autant que par goût, et la maîtresse, depuis un an, du sieur Alexis Melville, chevalier d'industrie ruiné sur toutes les coutures. — Melville! Régina! ah oui, oui, ce sont eux, les infâmes! Cela disant, Flandin, dans sa fureur, brisait le cordon de la sonnette, au bruit de laquelle accou-

rut ouvrir la femme de chambre, pour reculer effrayée à la vue de Flandin furieux et de Frigolette riant aux éclats.
— Votre maîtresse, où est-elle? il me la faut, car j'éprouve un désir atroce de l'étrangler, l'infâme! s'écria Flandin. — Madame n'est pas ici, répondit la servante. — Où est-elle... répondrez-vous, misérable?

Et cela disant, Flandin pressait convulsivement le bras de la chambrière qui, effrayée, balbutia ces mots : — A Marly. — A Marly! En effet, chez mesdames Blangi, mes respectables cousines, dont les intrigants exploitent la confiance sous un faux semblant de probité, dit Flandin en frappant du pied. — Madame Blangi, mademoiselle Alice, c'est cela, les anciens maîtres du mari de madame Rabouleau, ma bourgeoise, dit à son tour Frigolette. Comment se fait-il donc que d'aussi honnêtes dames reçoivent chez elles une si mauvaise société? — Quoi, Frigolette, vous êtes employée chez la Rabouleau? demanda Flandin surpris.— Depuis trois ans, ne vous déplaise. — Frigolette, conduisez-moi à l'instant même chez madame Rabouleau. Et vous, servante du démon, reprit Flandin en s'adressant à la femme de chambre, dites à votre maîtresse qu'elle aura sous peu de mes nouvelles.

Cela dit, le jeune homme entraîna la fille de boutique, et, sans la consulter, la fit brusquement monter dans un fiacre, commanda au cocher d'aller bon train après avoir indiqué le Temple. Ils arrivent cour de la Corderie, où Frigolette introduisit Flandin auprès de la Rabouleau, qu'il trouva en ce moment au milieu d'un amas de défroques de toute espèce et qui, prenant Flandin pour un chaland que lui amenait sa fille de boutique, s'empresse de faire entendre d'une voix nazillarde :

— Demandez, faites-vous servir, Monsieur ; châles longs, châles carrés, par-dessus en velours, en soie, en dentelle ; robes, mantelets, voiles, voilettes, point d'Angleterre et de Bruxelles, diamants, bijoux, articles de dame en général, le tout en première qualité et à juste prix. — Arrêtez-vous donc, bourgeoise; vous perdez votre temps : Monsieur n'est point un chaland, mais bien un cousin des Blangi, qui vient ici nous causer et vous faire apprendre de belles.

A ces mots, la mère Rabouleau invita Flandin à s'asseoir, Flandin qui, sans perdre de temps, la mit au courant des méfaits de Régina et de Melville, du danger que couraient les dames Blangi en recevant chez elles de semblables intrigants dont les intentions à leur égard ne pouvaient être que fort dangereuses, et termina en suppliant la marchande de vouloir bien l'accompagner à Marly, afin de démasquer Melville et Régina auprès de l'aïeule et de sa petite-fille.

Après avoir écouté en silence, la mère Rabouleau de s'écrier :

— C'est fâcheux, tout cela, j'en conviens ; mais que m'importe désormais ce qui peut arriver à ces riches orgueilleux qui, sans pitié pour nous, leurs anciens serviteurs, ont condamné mon pauvre enfant, mon Étienne, à une douleur éternelle, ces gens que nous aimions et respections le plus après Dieu, et qui nous ont chassés honteusement de chez eux. Allez donc seul, protégez contre les embûches des méchants, ceux qui nous ont retiré leur estime et le droit de leur être utiles; allez, Monsieur, que le bon Dieu seconde vos louables efforts, et vous bénisse en récompense, termina la bonne femme d'une voix émue, et en essuyant de grosses larmes qui tombaient de ses yeux.

— Ah! ça mais, il me vient une idée à moi, et une drôle encore, se mit à dire Frigolette présente. — Eh bien quoi? parle, petite, dit la mère Rabouleau.

— Cette noce où, dit-on, est allée mademoiselle Régina, à Marly, si, par hasard, ça allait être celle de mademoiselle Alice. — Mille Dieux ! vous pourriez dire vrai, Frigolette ! s'écria Flandin en se frappant le front et en se levant vivement; mais non, impossible ; reprit-il, ce Melville n'oserait, car un pareil mariage serait une infamie, et pour la pauvre Alice, la honte et le malheur. — Eh bien ! un pressentiment funeste me dit à moi que cet homme aura osé...

— Vous avez raison, Monsieur, partons pour Marly, hâtons-nous, car il s'agit d'empêcher un horrible malheur! reprit la revendeuse en s'emparant brusquement de la main de Flandin, pour l'entraîner avec elle.

Quelques minutes plus tard, le chemin de fer emportait nos deux personnages vers Marly.

Ils arrivent, débarquent, et d'un pas rapide se dirigent vers la villa Blangi, qu'ils trouvent déserte, où le concierge-jardinier répond à leurs questions que ses maîtresses sont en ce moment à la mairie où l'église, où se célèbre le mariage de mademoiselle Alice avec monsieur Melville.

— Fatalité ! s'écrie la mère Rabouleau furieuse et devenue plus rouge qu'un coq de bruyère. — Trahison ! grèderie ! faisait en même temps Flandin hors de lui. Mais, peut-être est-il encore temps, courons la reprend la marchande, puis en soupirant : Mon pauvre Étienne, que va-t-il devenir, dit-elle? — Oui, courons ! dit Flandin.

Et tous deux prennent leurs jambes à leur cou, jusqu'à ce qu'essoufflés, n'en pouvant plus, ils aient atteint la mairie, où ils apprennent avec effroi que, le mariage civil étant prononcé, les mariés sont partis pour l'église. — Perdu ! plus d'espoir ! fait alors la mère Rabouleau ! — Ah chien ! ah perfide! comme tu m'as joué! Je ne m'étonne plus maintenant si mes cousines m'ont fermé leur porte ! Sot que je suis, de ne point être revenu les voir ; aussi diable ! pourquoi ai-je été assez imbécile pour me fier aux hypocrites paroles de deux intrigants?

Ainsi disait Flandin, en se frappant le front et en trépignant de colère.

— N'importe ! allons à l'église, et en présence de tout le monde, démasquons ces gredins-là, ajouta le jeune homme.

— Oh ! non pas, plaignons les honnêtes gens, mais ne rendons pas leur honte et leur malheur publics ; le mal est fait, il est irréparable. Nous n'avons plus rien à faire ici, retournons à Paris, dit la mère Rabouleau. — A votre aise, bonne dame, vous qui ne perdez en tout cela que l'occasion de marier richement votre fils ; mais moi, il m'est dû vingt mille francs que j'ai eu la sottise impardonnable de prêter, il y a huit jours, à cette coquine de Régina, et cela sans reçu, en toute confiance, croyant cette péronelle aussi délicate que riche. — Faites comme vous l'entendrez, mon garçon, quant à votre argent, vous pouvez y mettre deux P ; car vous avez affaire à la plus mauvaise paie du monde, à une gaillarde qui doit autant de cent francs qu'il y a de pavés dans la bonne ville de Paris. Ainsi donc, au revoir et bonne chance !

Cela dit, la mère Rabouleau, tournant le dos à Flandin, le laissa, consterné et en train de marmoter l'imprécation suivante :

— Sexe infâme ! serais-je donc sans cesse le jouet de tes caprices! malheur à toi ! car je veux désormais faire ta désolation, rire de tes souffrances, de tes larmes, devenir enfin un roué, un casseur de cœurs, un don Juan, un Lovelace ? oui ! tremble, sexe perfide ! l'amour ne sera plus pour mon cœur qu'un affreux sinapisme... Que de souffrance ! mon Dieu ! reprit Flandin, après une pose d'un instant ; n'est-il donc aucun bonheur sérieux pour l'être vivant sur cette terre de misère? Les moutons ont la clavelée, les oiseaux le bouton, les ministres ont l'opposition, les rois les républicains, les cosaques le knout : décidément, tout a sa dose de souffrance et de persécution.

Le cri de gare, gare donc ! vint interrompre brusquement Flandin et le forcer à se ranger vivement sur le bas côté de la rue, pour faire place à deux brillantes voitures qui allaient lui passer sur le corps, et dans une desquelles il reconnaît Alexis et Régina.

— C'est cela, il ne manquait plus pour couronner l'œuvre que d'être écrasé par ces intrigants! oh ! mais ça ne se passera pas comme cela. Et Flandin de se mettre à courir après la voiture pour arriver presqu'en même temps qu'elle à la villa, et de se voir fermer le nez à la grille de cette demeure après que les voitures y furent entrées.

— Joseph, c'est moi, ouvrez, criait Flandin au concierge qui, après lui avoir tourné le dos, s'en retournait à sa loge ; Joseph, c'est Flandin, le cousin de la maison ; ne me reconnaissez-vous pas ? Joseph, mon bon ami, il faut absolument que je parle à vos maîtresses, il y va de leur bonheur.

Ainsi disait Flandin, sans que le concierge fît semblant de l'entendre, lorsqu'une main vint lourdement se poser sur son épaule, celle d'Alexis, dont la présence fit encore plus monter le sang au visage du jeune homme.

— Ah! c'est vous, maître larron ? dit Flandin furieux, en toisant Melville de la tête aux pieds avec mépris et colère. — Cher ami, pas d'épithète blessante, s'il vous plaît ; et comme j'ai à vous parler, suivez-moi, dit Alexis d'un ton impérieux et satanique. — Vous suivre ? du tout, perfide ! ce n'est qu'en présence des pauvres femmes que vous avez trompées, qu'il me plaira de vous dire votre fait, ainsi qu'à votre honnête complice et maîtresse. — Allons, mon bon, ne faisons pas ainsi le rétif, le matamore, et sans plus de retard veuillez entendre ce que désire vous dire, dans votre propre intérêt, un vieil ami, un bon enfant. — Voyons donc, finissons-en, répliqua Flandin, tandis que Melville l'emmena d'un pas rapide derrière les murs du jardin de la villa, endroit boisé et solitaire où arrivé, Melville reprit ainsi, en regardant Flandin en face. — Avant toute chose, je désire, je veux savoir, ami Flandin, si votre présence à Marly et la visite que vous prétendez faire à la villa sont les démarches d'un ami ou d'un ennemi ? — D'un ennemi, corbleu! celles d'un homme trompé, outragé, volé par vous, et qui prétend vous démasquer en présence des dames Biangi. — Vous n'en ferez rien, mon bon, répliqua froidement Melville tout en ajustant les gants blancs qui couvraient ses mains. — Ah ! je n'en ferai rien ! eh bien, c'est ce que nous verrons ! — Vous n'en ferez rien, vous dis-je. Maintenant établissons les faits : de quoi vous plaignez-vous, mon cher ? est-ce de ce que me trouvant plus spirituel et plus joli garçon que vous, mademoiselle Biangi m'a donné la préférence sur son prétendu cousin ? — J'espère que... — Silence !... veuillez m'écouter jusqu'au bout, ainsi que j'aurai l'honneur de le faire lorsque ce sera votre tour à parler. Sans doute, reprit aussitôt Melville, que vous m'accusez d'un vil intérêt, d'avoir été séduit non par les charmes et les qualités d'Alice, mais bien par la rotondité de sa riche dot. Faites-moi donc le plaisir de me dire, mon très-cher, si tel n'était pas votre calcul ? Or, est-ce donc un crime à me reprocher d'avoir été plus habile que vous en cette circonstance ? — Certes que !... — Je n'ai pas encore tout dit, fit Alexis en imposant de nouveau silence à Flandin : aujourd'hui, basant votre opinion sur mon passé, déjà vous voyez dans Alice, une femme sacrifiée, délaissée et ruinée par un mari inconstant et dissipateur ; cependant, Monsieur, qui vous a dit que la possession d'une femme jeune, intéressante, à qui je suis redevable, en ce moment, d'une riche position, n'opérera pas en moi un sage et heureux changement, et que ma femme ne sera pas la femme la plus heureuse du monde ? — Eh bien non, je...— Paix, et écoutez encore. Sachez donc que je romps, dès ce jour, tous rapports intimes avec Régina et moi, Régina que je vous cède, à vous, son adorateur le plus passionné. Régina qui, dans trois semaines, ainsi qu'il en a été convenu entre vous et elle, vous rendra fidèlement les vingt mille francs que l'amour, mais non la générosité, vous a fait lui prêter il y a huit jours. Maintenant êtes-vous satisfait, et qu'avez-vous à répondre ? — Que je ne crois pas un mot de votre prétendue conversion, et que je tiens essentiellement à mettre madame Biangi en garde contre vos perfides intentions. — Assez, assez, mon bon, et puisque telles sont vos intentions, que j'avais d'abord devinées, en vous reconnaissant tout-à-l'heure dans le village, et rôdant autour de nous, ainsi qu'un chien enragé qui ne demande qu'à mordre ; il ne me reste plus, ne pouvant vous convaincre, que de vous laisser aller, après cependant vous avoir donné un échantillon de mon adresse. Tenez, très-cher, choisissez, et indiquez-moi, au faîte du plus élevé de ces arbres, la feuille qu'il vous plaira de voir tomber, et la balle de ce pistolet va vous servir à souhait.

Cela disant, Melville armait un pistolet qu'il venait de sortir de sa poche, et dont la vue fit aussitôt reculer et pâlir Flandin, en s'écriant :

— Que m'importe cette feuille ? — Ah ! c'est qu'il m'importe à moi de vous prouver mon adresse au pistolet, adresse qui me fait, à chaque coup, placer une balle au beau milieu du front de mon adversaire, comme en ce moment je la place dans cette feuille jaunie, que vous apercevez là-bas s'agitant sous le caprice du vent.

Au même instant ladite feuille, placée à cinquante pas, recevait la balle et sautait en l'air.

— Ainsi, je me propose de traiter les dénonciateurs à qui la fantaisie prendrait de se placer sur mon chemin, reprit Alexis après avoir fait feu, pour ensuite s'éloigner d'un pas lent, laissant Flandin stupéfié et pensif.

— Décidément, qu'ils s'arrangent tous comme ils l'entendront, quant à moi, je retourne à Paris, murmura peu après le jeune homme, remis de son trouble, et en prenant sa course.

IX — UN MÉNAGE COMME ON EN VOIT BEAUCOUP

Tout se disposait pour un bal brillant que devait donner, dans la soirée, le propriétaire d'un élégant hôtel de la rue de Londres, quartier de la Chaussée d'Antin. Midi sonnait, et les ouvriers tapissiers-décorateurs déployaient la plus grande activité. Les salons, richement décorés, avaient reçu ce jour-là un surcroît d'embellissement : au plafond, une infinité de lustres, dans lesquels le feu de mille bougies devait remplacer celui du jour ; des tentures élégantes et des trophées ornaient les murailles ; le grand escalier dudit hôtel était recouvert de tapis et encombré de caisses où se voyaient les arbustes les plus rares, étalant leurs riches feuillages et leurs fleurs parfumées ; à tous ces riches apprêts, où régnait le bon goût, présidaient Régina et Alexis Melville, pressant de la voix les ouvriers, ordonnant et indiquant, selon leur volonté et caprice. Un valet en livrée se présenta, et, s'adressant humblement à Melville, le prévint que madame, désirerait l'entretenir un instant, l'attendait dans son appartement.

— Que veut-elle encore ? dit avec humeur et dédain Régina, en repoussant avec impatience le coussin sur lequel reposaient ses pieds. Allez voir, Alexis, et surtout, faites en sorte qu'elle vous laisse en paix au moins jusqu'à demain. — Ce qu'elle veut ? Parbleu ! se plaindre, soupirer. N'y êtes-vous pas déjà habituée, ma très-chère, depuis deux mois que cette pleurnicheuse, devenue ma très-honorée femme, habite avec nous cet hôtel ? répliqua Melville en souriant, et quittant le siège qu'il occupait près de Régina, pour se rendre à l'invitation d'Alice.

— Me voici à vos ordres, madame ; que désirez-vous de moi ? fit le jeune homme en entrant et s'adressant à Alice, seule dans sa chambre et assise devant la cheminée. — Pardonnez-moi, monsieur, de vous avoir dérangé ; mais, désirant solliciter une permission.... — Une permission, dites-vous, Alice ? En avez-vous besoin ? En tout cas, parlez, je vous écoute, fit Melville en avançant un siège près de celui de sa femme pour s'y placer ensuite. — On m'a dit, monsieur, que ce soir vous donnez une fête nouvelle. — En effet, et cela, à la sollicitation de mes nombreux amis, qui tous prétendent qu'il n'y a véritablement que chez moi qu'on s'amuse ; mais ne comptez-vous pas, ma chère, embellir cette réunion de votre présence ? — Non, monsieur, où votre maîtresse, votre prétendue sœur, commande en souveraine, votre femme doit s'éclipser. — Allons, allons ! encore des reproches, de la jalousie. — De la jalousie, il ne peut en exister là où il n'y a pas d'amour, répliqua Alice avec fierté et en plaçant la main sur son cœur ! puis, reprenant : Dites plutôt de la dignité, monsieur. — Enfin, que souhaitez-vous ? reprit Melville avec humeur et en quittant son siège. — Que vous me permettiez d'aller passer le reste de cette journée et la nuit auprès de mon aïeule. — Ah ! je comprends ; pour lui porter de nouvelles plaintes, et achever de m'en faire une ennemie irréconciliable. — Des plaintes ! oh non, monsieur ; je sais souffrir et me taire, croyez-le ; mais là, du moins, auprès de cette tendre mère, je trouve amitié, bonté, caresses, un cœur pour répondre au mien, une oreille qui daigne m'entendre, une voix dont le doux accent charme et distrait la solitude, la nuit éternelle de la pauvre aveugle ; tandis qu'ici, seule ! toujours seule ! termina tristement Alice. — J'en conviens, mais à vous la faute, madame, qui, sans cesse triste et sauvage, me fuyez et me dédaignez ; à vous, qui n'êtes ma femme que de nom, et qui, nourrissant dans votre cœur un autre amour désormais sans espoir, repoussez les caresses de votre époux. — Répondez, monsieur, m'accordez-vous la permission d'aller embrasser mon aïeule ? reprit Alice en réponse aux reproches de son mari. — Allez donc, madame ; vous être libre.

Cela dit, Alexis se retira pour aussitôt courir rejoindre Régina qui l'attendait.

Alice, restée seule, s'empressa de sonner sa femme de chambre, jeune fille qui la servait depuis un mois, et que Régina lui avait imposée.

— Frigolette, habille-moi, et hâtons-nous de nous rendre chez grand'mère, à qui notre présence procurera plaisir et bonheur, dit Alice.

La servante s'empressa d'obéir.

— Frigolette, la voiture est-elle en bas ? — Laquelle, madame ? — La mienne !... quelle autre veux-tu donc que je demande ? dit en souriant la jeune aveugle. — La vôtre, Madame ? En effet, elle est attelée et attend dans la cour, mais non pas vous, dit la jeune femme de chambre. — Qui donc, alors ? interrogea Alice. — Mon Dieu ! celle qui a l'habitude de monter dedans, mademoiselle Régina, ci-devant marquise Dartenay, qui s'en sert encore aujourd'hui pour faire de nombreuses emplètes indispensables au bal qu'elle donne ce soir dans votre hôtel, répondit la jeune fille avec dépit et ironie. — Assez, Frigolette, va dire qu'on nous amène un fiacre. — Un fiacre ! quand vous avez une voiture à vous, payée de vos propres écus, horreur !

— Silence donc, Mademoiselle, fit avec douceur Alice.

— Me taire! me taire, dites-vous? quand je vois toutes les infamies qui se passent ici, quand je vois des sans-le-sou, des intrigants, après avoir trompé indignement votre trop crédule grand'mère, afin de s'enrichir à vos dépens, vous traiter avec indignité, vous insulter à toute heure du jour! oh non! non! car cela m'étouffe! cela m'indigne! — Au nom du ciel! Frigolette, tais-toi, car s'ils t'entendaient, pauvre enfant, ils te chasseraient, et alors je n'aurais plus près de moi d'amie pour me comprendre, pour essuyer mes larmes. — Au fait, vous avez raison; la Régina, dont j'ai su gagner la confiance, ne m'a pas placée près de vous pour lui nuire dans votre esprit ni pour vous plaindre, mais bien en qualité d'espionne condamnée à lui rapporter tout ce que vous faites, tout ce que vous dites. — Oui, Frigolette, mais en te croyant une âme vile et méchante, combien cette femme s'est trompée, et qu'il m'a été facile de deviner en toi une bonne, noble et sensible fille! reprit Alice en pressant avec aménité et reconnaissance les mains de Frigolette. — Dame! cela ne pouvait être autrement. Un beau soir, la bonne maman Rabouleau, me prenant entre quatre yeux, me dit : Frigolette, tu es une bonne fille ; or, tu ne refuseras pas d'être utile à de braves gens que des fripons ont attrapés d'une manière infâme; et, sur mon assentiment, tu vas donc, reprit la brave femme, courir te proposer en qualité de femme de chambre chez cette coquine de Régina, qui vient de renvoyer la sienne. Il est probable qu'elle t'acceptera ; et, une fois entrée à son service, comme elle habite, ni plus ni moins que s'il lui appartenait, l'hôtel que vient d'acheter le mari de mademoiselle Alice Blangi, tu feras en sorte, pour un bon motif, et dans l'intérêt de la jeune mariée, d'épier tout ce qui se dira et se passera dans cette maison, comment on y traite mademoiselle Alice, cette douce brebis devenue la proie d'un loup et d'une louve, puis tu viendras tout me raconter; surtout, mignonne, fais en sorte de gagner l'estime de cette chère mademoiselle Blangi : sois pour elle une amie, une consolatrice, et le bon Dieu te bénira. Ce qui fut dit fut fait : la Régina me trouvant de son goût, m'accepta sans marchander, non pour sa femme de chambre, mais pour me placer auprès de vous en cette qualité, à la condition, cependant, que chaque matin j'irais lui rendre un compte exact de vos faits et gestes de la journée, ce dont je m'acquitte scrupuleusement à sa grande satisfaction ; seulement, j'ai grand soin de ne lui dire que ce que je veux qu'elle sache, et voilà. Maintenant, partons, Madame, j'entends venir votre modeste sapin demandé, termina Frigolette en prenant le bras d'Alice sous le sien, afin de la mieux conduire.

Elles partent, et roulent vers la Chaussée-d'Antin, où, pour être plus près de la petite-fille, dont on l'avait brutalement séparée, madame Blangi était venue demeurer, en quittant la villa de Marly, demeure devenue pour son cœur une triste solitude, depuis qu'Alice ne l'habitait plus avec elle.

En arrivant, Alice apprit de la bouche d'un domestique que son aïeule était en ce moment enfermée dans sa chambre avec son homme d'affaires.

Alice se résignait donc à attendre la fin de la conférence, ne voulant point interrompre sa grand'mère, lorsque celle-ci, apprenant l'arrivée de sa petite-fille, s'empressa de congédier l'homme de loi, et d'accourir prendre son enfant dans ses bras pour aussitôt mêler ses larmes aux siennes.

— Restez, restez avec nous, Frigolette ; vous n'êtes pas de trop dans nos entretiens, chère fille! vous, l'ange consolateur de ma pauvre enfant, dit la vieille dame en retenant la jeune fille qui se disposait à s'éloigner.

Et Frigolette, reconnaissante de cette marque d'amitié, s'empressa de baiser la main que l'aïeule d'Alice lui tendait.

— Eh bien! quoi de nouveau, chère petite? Conte tes gros chagrins à ta pauvre mère repentante, dit madame Blangi. — Mère, je n'ai rien à vous dire que vous ne sachiez déjà, répondit Alice tristement. — Hélas! ce n'est pas assez pour ton malheur, que dans un aveugle entêtement je t'aie mariée, malgré ta volonté, à un homme que ton cœur repoussait, il faut encore que ce même homme, cet indigne! d'accablé d'outrages et te rende la plus malheureuse des femmes... Alice, comme tu dois me maudire! Ah! pardonne-moi, mon enfant. — Je n'ai rien à vous pardonner, ma mère, car ce mariage odieux était nécessaire, puisque sans lui j'étais déshonorée, et j'ai dû préférer le malheur au déshonneur. Oui, je vous excuse, parce que si, pure et fière, je vous avais dit : Bonne mère, je ne veux point de cet homme pour époux, je préfère la mort à cette odieuse alliance, vous m'eussiez écoutée, vous n'eussiez point voulu faire le malheur de votre enfant, n'est-ce pas, mère?... — Oh! non, jamais! — Eh bien! à votre place ma bonne maîtresse, j'eusse préféré rester fille quand même, plutôt que de devenir la femme d'un mauvais sujet. E' pourtant, croyez bien que l'honneur m'est aussi cher qu'à vous, mais, selon mon idée, c'est assez d'un malheur, sans en créer un second.

A cet aveu naïf de Frigolette, les deux dames se mirent à sourire.

— Alice, espère, chère fille, car voulant réparer une fatale erreur, j'ai fait appeler mon homme d'affaires, afin de m'entendre avec lui sur le moyen le plus expéditif pour arriver à une séparation de corps entre toi et M. Melville. — Une séparation ! une scandale ! oh! non, ma mère! renoncez à ce funeste dessein qui rendrait notre honte publique. Oui, plutôt souffrir toujours que de livrer un seul instant au monde le secret scandaleux de mes malheurs! — Enfant, pourquoi t'effrayer ainsi? va, crois-moi, le monde, loin de te blâmer, applaudira à cet acte juste et nécessaire. Quoi! tu te soumettrais follement à vivre éternellement avec un époux qui, oubliant ses devoirs, le respect qu'il doit à sa femme, veut lui imposer sa maîtresse dans sa propre maison ; un homme qui, n'ayant ambitionné en toi que la fortune, t'en dépouille indignement pour la prodiguer à une concubine, pour la dissiper avec cette femme éhontée er fêtes et en orgies ; un homme, enfin, qui, oubliant les promesses qu'il me fit, de ne jamais te rendre à ma tendresse s'est empressé de t'arracher de mes bras à peine devenu ton mari. Alice ! en vain tu t'opposerais à cette séparation que j'appelle de tous mes vœux, elle aura lieu, car elle es importante, indispensable à ton bonheur comme au mien — Et moi, ma bonne mère, je vous conjure de n'en rien faire, et d'attendre encore si le temps et ma patience n finiront pas par ramener M. Melville à des sentiments plu honorables pour lui comme pour moi. Mère, c'est au no du ciel, auquel j'ai fait le sacrifice de ma frêle existence, qu je vous supplie de ne rien hâter. — Tu le veux bien abso lument? Eh bien ! soit, j'attendrai encore ; mais, m méfiant de ta faiblesse, c'est à cette chère Frigolette que j m'adresse pour lui recommander de nouveau de me mettr sans cesse au courant de la manière dont tu seras trait dans ton ménage maudit. — Oh ! pour cela, comptez su moi, Madame, en dépit de ma chère maîtresse, à laquelle en cette circonstance, je me ferai un devoir de désobéir.

Laissons maintenant nos trois personnages se consol ensemble, et transportons-nous cour de la Corderie du Tem pie où nous trouverons trois autres personnages de notr connaissance, c'est-à-dire la mère Rabouleau, Étienne, so fils et l'ami Flandin, devenu celui de la maison, par amou pour la gentille Frigolette qu'il poursuivait de ses assidu tés et de ses déclarations, depuis le jour de sa rencontr avec elle dans l'escalier de Régina.

— Encore une fois, ma mère, je vous le répète, cèdan vos prières et à vos larmes, j'ai renoncé avec peine et regre à demander raison à l'indigne Melville de l'offense qu'il m' faite, et pourtant, me battre avec cet homme, lui arracher l vie, eût été pour moi une douce vengeance! Mais n'exige pas que j'oublie jamais Alice, dont le souvenir est tout à l fois pour mon cœur un sujet de félicité et de douleur, Alic malheureuse, opprimée, oui, ma mère, peut-être, ruinée, aba donnée par son bourreau, n'aura plus que moi pour ami pour soutien. — Et moi donc, petiot, crois-tu que je veuil effacer de ma mémoire cette chère enfant, une fille bell et riche, qui, oubliant l'immense distance qui te sépara d'elle, a daigné aimer mon enfant d'un amour vrai et dési téressé? Oh non! à elle mon amitié et mon dévouement. Enfants, je vous le dis, liguons-nous ensemble pour sauve Alice. Toi, mon garçon, en feignant d'ignorer encore qu cette prétendue marquise Durtenay n'est autre que la loret Régina, en te faisant adorer de cette femme pour la désol ensuite ; vous, Flandin, qui avez tant à vous plaindre aus de ces gredins, en faisant semblant d'oublier qu'ils vous o: bafoué et volé, en vous introduisant de nouveau chez eu en m'aidant à les ruiner plus vite, ou pour mieux dire à sau ver ce que nous pourrons de la fortune d'Alice. — Ça v. c'est dit ! Dès ce soir je me fais admettre, je me présente leur bal, je redeviens l'ami de la maison, et je m'informe pour l'intérêt de ces vingt mille francs qu'ils m'ont emprunt sans doute à jamais rendre ; seulement une chose me cor trarie horriblement, chère dame, c'est de voir la pauv Frigolette devenue servante de par votre volonté. — Dit plutôt notre alliée, notre auxiliaire dans la place que no allons attaquer et ruiner sans merci, et qui, une fois écroulée, nous rendra notre joyeuse jeune fille.

Le soir qui suivit cet entretien, Flandin, en grande tenue de bal, le gibus sous le bras, et devançant l'heure indiquée pour la réception, se présentait avec aplomb et le sourire aux lèvres à l'hôtel de Melville, où il trouva ce dernier et Régina déjà en grande toilette et dans l'attente de leur nombreuse société, bâillant à qui mieux mieux devant la cheminée de leur salon encore désert.

Au nom de Flandin que vint annoncer un valet, Alexis et Régina se regardèrent avec surprise et semblaient dire :

— Que veut cet original? profiterait-il de l'occasion pour venir nous réclamer son argent en présence de notre société? Puis, après une longue hésitation :

— Qu'il entre ! s'écria enfin Régina avec humeur et impatience.

Une seconde après, Flandin se présentait joyeux et de l'air le plus amical pour venir saluer Régina et tendre la main à Melville.

— Chers et précieux, c'est moi qui viens vous faire une scène affreuse; comment, vous donnez un bal, et vous oubliez d'inviter le meilleur de vos amis ! Oh! c'est mal ! bien mal ! avouez-le. Mais comme il n'est pas bruit dans tout Paris que de vos fêtes et de leur magnificence, je me suis dit : Flandin, va surprendre agréablement tes ingrats amis et partager leurs plaisirs, car, certes ! ils se feront un vrai plaisir de bien te recevoir; et là-dessus, me voilà frais, dispos et décidé à m'en donner à cœur joie. — Ma foi, tu as bien fait, et puisque tu agis sans rancune, sois le bien venu, dit Melville en riant.

— Et vous, beauté cruelle, qu'en pensez-vous? reprit Zéphyrin en s'adressant à Régina.—Mon Dieu, pourvu, mon bon, que vous ne me parliez pas de votre amour ni des quelques mille francs dont je vous suis redevable, votre présence, loin de me déplaire, m'amusera on ne peut plus, répliqua la jeune femme en présentant sa main gantée et parfumée au visiteur qui la pressa galamment. — Oh ! soyez sans crainte ; désormais plus d'amour de ma part; seulement quelques passades, quelques distractions, pour fouetter le sang et passer le temps, cela donne des idées... A propos ! mais je ne vois pas madame Melville, ajouta malignement Flandin. — Alice est indisposée ce soir ; elle ne paraîtra pas au bal, répondit Melville d'un ton sec, tandis que Régina, fort contrariée de l'observation, rougissait de dépit, et se pinçait les lèvres.

Une heure encore, et les salons étaient envahis par une foule nombreuse d'hommes et de femmes élégantes, dansant aux sons d'un orchestre mélodieux. Combien il eût été facile pour un observateur de deviner à quelle catégorie appartenaient la plupart de ces jeunes hommes, de ces femmes rieuses et bruyantes, dont les allures brusques et décolletées trahissaient le peuple du quartier Bréda, le beau monde du bal Mabille et du Château-Rouge, troupe folâtre accourue en foule à la voix de Régina, la lorette. Tandis qu'on dansait dans un salon, les tables de jeux, dressées dans un autre, s'encombraient de joueurs avides, qui empilaient l'or sur les bobèches de cristal des bougies, le faisaient monter jusqu'à la flamme. Parmi les jours qui se distinguaient le plus par leur ardeur et leur audace, par l'importance des sommes qu'ils risquaient sur une carte ou sur un coup de dés, se comptait Alexis, l'œil avide et le visage en feu.

Donc ! tandis que le maître de la maison gâchait son argent sur un tapis vert, que Régina, d'une folle joie, dansait, rédowait et polkait, Flandin, errant de salon en salon, cherchait Frigolette, qu'il espérait rencontrer.

— Dites-moi, mon cher monsieur, de quel côté se trouve situé l'appartement de madame Melville?

Telle fut la question qu'adressa d'une voix flûtée, à Flandin, un jeune dandy pur sang, avec lequel il venait de se rencontrer face à face dans un étroit corridor. — Ma foi ! monsieur, j'allais vous adresser la même question, répondit Zéphyrin, en fixant sur l'élégant petit-maître un coup d'œil d'huissier-priseur. Puis reprenant : Ah ça ! est-ce que vous connaissez cette dame? — Mais non, mais non ! et voilà justement ce qui me contrarie, car on la dit fort jolie quoique aveugle, ce qui m'engage à faire sa connaissance. —Ah ! ah ! fit Flandin. — Oui, j'aimerais à consoler cette pauvre abandonnée, dont le mari semble faire si peu de cas, et qu'il cache à tous les yeux : je serais d'honneur, enchanté de devenir l'Antigone de cette jeune beauté, et c'est pour entrer au plus tôt en fonction, que depuis une heure au moins j'erre dans les détours de cet hôtel, dans l'espoir de découvrir l'endroit où ce damné Melville cache ce charmant objet. Mais dites-moi, ajouta le dandy en toisant à son tour Flandin de la tête aux pieds, est-ce que par hasard, mon cher bon, nous chasserions ici le même lièvre? — Moi, pas le moins du monde. — Cependant, vous venez de me dire à l'instant, qu'à mon exemple, vous cherchiez l'appartement de la dame en question. — En effet ! mais simplement poussé par la curiosité et le désir d'entrevoir un instant cette dame, de m'assurer enfin, si elle est véritablement aussi jolie que le bruit en court. — Eh bien ! très-cher, cherchons tous deux, afin de nous contenter, vous d'un côté, moi de l'autre, et le premier qui découvrira le sanctuaire où se cache cette beauté, viendra en prévenir l'autre ; hein, qu'en dites-vous ? — C'est dit ; le rendez-vous dans une demi-heure, au salon de jeu, dit Flandin. — Convenu ! mais si je n'y étais pas demandez Saint-Léon de Beaudésir à la première jolie femme que vous rencontrerez, et elle vous indiquera aussitôt en quel endroit je serai.

Cela dit le jeune homme s'éloigna en sautillant et sifflotant un air de quadrille.

— Va, va, et attends-moi sous l'orme, tu attendras longtemps, mon petit monsieur, se mit à murmurer Flandin en suivant le dandy du regard.

A la deuxième heure de la nuit, Alexis quittait la table de jeu, où depuis minuit il perdait son argent, pour courir s'enfermer dans une chambre déserte et y attendre Régina, qu'il venait de faire prévenir par un valet.

La tête en feu, en proie à une violente agitation, Melville, dans son impatience attente, se promenait à grands pas en blasphémant contre la chance maudite à laquelle il était redevable, cette nuit, d'une perte considérable, lorsque Régina, après s'être arrachée à la danse, aux hommages de ses nombreux adorateurs, se présenta à ses regards.

— De quoi s'agit-il, mon bon? et de quelle nécessité cette entrevue mystérieuse? dit la jeune femme en entrant.

— J'ai perdu, et pour réparer ce malheur j'ai besoin d'argent. Donnez-m'en, Régina, fit vivement Alexis. — A combien s'élève votre perte? — A peu près vingt mille francs. — Ecoutez, Melville, dit Régina avec calme, tout en se jetant sur un divan pour s'y accouder paresseusement, votre femme, mon bon, vous a apporté en dot cinq cent mille francs comptant, beau denier, ma foi ! En deux mois de temps vous avez déjà payé, sur ladite somme, à moi, cent mille francs, à vos créanciers qui menaçaient votre liberté, quarante-cinq mille ; plus, cent dix mille pour l'acquisition de cet hôtel et de son ameublement ; ajoutons vingt mille que vous venez de perdre, total : deux cent soixante-quinze mille francs. Il ne vous reste donc plus en caisse que deux cent vingt-cinq mille francs ; continuez à en perdre encore vingt mille par nuit, et la onzième, vous êtes ruiné à plate couture. Qu'en dites-vous, très-cher?... — Qu'une fois n'est pas coutume et, cet argent parti, il nous reste encore la fortune de l'aïeule de ma femme, qui ne peut se faire attendre, vu l'âge avancé de la vieille ; enfin, je dis qu'il me faut de l'argent à l'instant même. — Envoyez-en donc demander à votre banquier, car celui que vous m'avez confié est dépensé, moins deux cents louis à peu près, que je tiens à votre disposition. — Donne donc vite, Régina, car avec cette somme, vois-tu, je puis regagner ce que j'ai perdu ; donne, te dis-je, hâte-toi.

Régina se leva donc pour aller atteindre dans le tiroir d'un meuble, une bourse en filet d'or qu'elle remit à Melville, qui, après avoir payé par un baiser la complaisance de la jolie femme, s'éloigna d'un pas empressé.

— Peste ! si je ne me hâte, ce garçon-là se sera ruiné avant que je n'aie eu le temps de lui en éviter la peine.

Comme Régina terminait ces mots, elle recula de surprise et de frayeur en apercevant un homme qui s'introduisait furtivement dans la chambre où Melville venait de la laisser seule.

— Ah fichtre ! ce n'est pas elle ! s'écria le personnage après avoir fixé Régina qui venait de reconnaître en lui le dandy Saint-Léon de Beaudésir. — Non, ce n'est pas elle, mais moi, qui sais ce que vous cherchez sans relâche, depuis hier soir, et qui, prenant votre peine en pitié, vous préviens qu'elle n'habite pas, cette nuit, cette maison, et que vous perdez votre temps, beau sire. — Quoi, Régina, vous sauriez?... — Que vous cherchez la femme de Melville. — Vous croyez? fit Saint-Léon embarrassé. — J'en suis sûre, et pour lui faire votre cour encore, ce qui me convient assez. — En vérité ! — Pourriez-vous en douter lorsque c'est la maîtresse de son mari qui l'affirme? — C'est juste, Régina. Est-il vrai qu'elle est jolie? — Très-jolie. —

— Mignonne, gracieuse, innocente et douce comme une colombe? — Elle est tout cela. — Alors, cette femme serait une maîtresse charmante! — Que je vous livre, si tel est votre désir. — Ça me va; mais Melville?... — Il ne demande pas mieux que d'en être débarrassé. Venez donc ce soir, et, sur mon ordre, la femme de chambre que j'ai placée près d'elle, et qui m'est dévouée, vous introduira. — Merci du service, et à charge de revanche si jamais l'occasion s'en présentait, ma toute belle. — Saint-Léon, vous êtes un impertinent. Me croyez-vous donc capable de tromper Melville? — Je ne sais; qui peut répondre du cœur d'une femme et de ses mille et un caprices? répondit Saint-Léon. — Moi, qui n'ai pas voulu céder à vos désirs, à vos déclarations. — Ça, toute belle! il est vrai que vous avez été à mon égard d'une cruauté de tigresse; et cependant, pour vous plaire, j'ai pris toutes les formes; je me suis fait chevalier, berger, Saint-Preux, roué, régence, eh bien! rien n'a pu vous attendrir en faveur du malheureux qui vous aimait comme l'Italien aime sa madone et son macaroni, le soldat son drapeau et sa payse, les rentiers du Marais leur partie de dominos, et le papillon les fleurs. — Hélas! oubliez-vous, Saint-Léon, que l'amour s'inspire, mais qu'il ne se commande pas? répliqua Régina en riant. — Aussi, désespérant d'attendrir votre cœur, suis-je allé chercher ailleurs le bonheur dont vous étiez avare envers moi... Ah ça, c'est chose convenue; ce soir, grâce à votre puissante protection, j'entre en connaissance et pourparlers avec la jeune aveugle délaissée? ajouta gaiment Saint-Léon. — C'est dit, venez ici à dix heures, Alice sera seule, et Melville loin du logis. Chut! j'entends venir, séparons-nous.

Cela dit, Régina fit disparaître Saint-Léon par une porte, tandis que Melville entrait joyeux par une autre, Melville à qui la chance était devenue favorable, et qui accourait les poches pleines d'or, en faire part à sa maîtresse.

Dans la journée qui succéda à la fête donnée par Alexis à ses nombreux amis, et après quelques heures d'un sommeil réparateur, Régina, encore au lit, sachant Melville absent, sonna ses gens pour s'informer si Alice était de retour, et sur la réponse affirmative que la jeune femme était rentrée à l'hôtel depuis plus de deux heures, Régina donc donna l'ordre de prévenir Frigolette de venir lui parler à l'instant même, ordre auquel se rendit aussitôt la jeune fille.

— Pourquoi, depuis que vous êtes de retour à l'hôtel, n'êtes-vous pas déjà venue, selon votre habitude et mes ordres, me faire votre rapport de tous les matins? demanda Régina à la jeune chambrière. — Parce que je savais madame endormie, et que je craignais de l'indisposer en l'éveillant. — Fort bien! Voyons, Frigolette, que s'est-il passé hier entre madame Melville et sa mère? — D'abord, une grande effusion de tendresse de part et d'autre. — Et beaucoup de larmes de répandues, n'est-ce pas? car je ne puis mieux comparer la mère et la fille qu'à deux bornes fontaines, dit en riant Régina. — Eh bien, non! contre mon attente, ces dames ont été d'une gaîté peu commune chez elles. — Et la conversation?... demanda la lorette. — Basée sur mille sujets. — Et les plaintes? — Légères. — Mais encore! fit Régina impatientée. — Dame! sur la solitude à laquelle monsieur condamne madame, qu'il visite fort rarement. — Et de moi, qu'en a-t-elle dit? — Pas un mot. — Vous mentez! — Pas le moins du monde. Après cela, je ne puis savoir ce que ces dames se sont dit en particulier. — Vous étiez donc absentée, malgré la défense que je vous en avais faite? — J'en ai reçu l'ordre, il m'a fallu obéir. — Vous êtes une maladroite! retirez-vous.

Frigolette, sur cet ordre, tourna les talons, et, en souriant tout bas, regagna l'appartement d'Alice.

Un instant encore passe dans la réflexion, puis Régina, désirant se lever, sonna pour sa toilette et donner l'ordre d'atteler les chevaux à la voiture. Une heure après, madame roulait rue de La Bruyère, et se faisait descendre à la porte de son amie Hortense Fauvet, encore absente. Après une courte attente dans l'appartement que nous connaissons déjà, Régina courait ouvrir la porte à un visiteur attendu, lequel se présenta souriant et galant.

— Etienne, vous serez donc sans cesse le dernier au rendez-vous, méchant? dit Régina au jeune homme qui lui baisait la main. — Malpeste, ma toute belle! facile à vous, que la fortune a comblée de ses dons, de disposer du temps à votre guise, tandis que moi, pauvre esclave d'un maître exigent, il me faut mendier un instant de liberté... Ah! que n'ai-je la fortune en partage! combien alors il me serait doux de vous consacrer tous les instants de ma vie. — Je ne puis comprendre, Etienne, combien votre mère, qu'on dit être fort riche, ne vous établit pas. — Ma mère riche! quelle erreur!... Tenez, Régina, c'est en vous que je place tout mon espoir; prêtez-moi quarante mille francs, et je deviens négociant, je m'enrichis et je partage avec vous le fruit de mon travail. — Nous causerons de cela, mon bon, le jour où je serai bien convaincue qu'il ne vous reste plus rien dans le cœur en faveur de la femme de Melville. — Folle! soupçonner ma franchise. Mais cet amour violent pour tes charmes, que tu sus m'inspirer en dépit de mes scrupules, ne t'est-il pas un gage certain qu'Alice ne doit plus attendre de moi qu'un bon souvenir d'amitié? — Hélas! s'il était vrai, Etienne, mais ces moments de tristesse auxquels vous vous livrez, même dans mes bras, ces soupirs pénibles qui, malgré vous, s'échappent de votre sein, m'effraient et me font douter encore. — Quel enfantillage! lorsque Alice mariée est entièrement perdue pour moi, d'aller croire qu'à mon âge je serais assez sot pour perpétuer un martyre inutile. Régina, crois-moi, cher ange! à toi si belle, si aimante, tout mon amour; à Alice Blangi, ma compagne d'enfance, un bon et amical souvenir de ma part; et d'ailleurs, quelle preuve puis-je mieux te donner de ma sincérité, que la rage, le dépit qui m'animent à la pensée que toi, ma maîtresse bien aimée, que toi, qui m'inspires d'amour extrême, tu ne te sens ni le courage ni la dignité de vivre pour moi seul, et qu'il me faut partager ton amour, ta possession, avec un Melville! — Oh! combien j'aime en toi, mon Etienne, cette noble indignation qui me fait bien augurer de la sincérité. Oh! oui, à toi seul bientôt ta Régina; mais patience encore, ami, dans l'intérêt de notre bonheur à venir... — Je te comprends, Régina, tu veux, avant de rompre avec lui, tout l'or de cet homme? — Oui, mais pour te le donner, pour nous assurer à tous deux une existence heureuse et brillante. Etienne, ne me blâme pas, ami, termina vivement la lorette qui, dans les yeux du jeune homme, venait de saisir l'expression du dégoût, et cela en plaçant sa main sur la bouche d'Etienne, afin d'y étouffer le reproche prêt à s'en échapper.

— Etienne, reprit-elle en entourant l'amant de ses bras, je t'en supplie! laisse-moi faire, car bientôt, pour n'être plus qu'à toi, pour devenir digne de ton amour, de ton estime, je renoncerai au monde, à ses joies. Autant mon passé fut léger, coupable même, autant je m'efforcerai, par une sage conduite, mon humilité, ma soumission envers toi, de réparer à tes yeux tous mes torts, car je t'aime! vois-tu, Etienne! tu es ma vie, mon bonheur; et cet amour violent, sincère, qui me fut étranger jusqu'à ce jour où tu m'apparus pour la première fois, cet amour qui brûle mon cœur de mille feux, enfantera un miracle, une conversion que n'ont pu accomplir ni la crainte de Dieu ni les reproches et la malédiction de ma mère.

Ainsi disait Régina avec passion, Régina humble, tremblante et presque agenouillée aux pieds du jeune homme qui lui souriait tendrement.

La neuvième heure du soir venait de tinter à toutes les horloges de la ville, lorsque le marteau de la porte cochère de l'hôtel de Melville retentit lourdement : c'était l'élégant St-Léon de Beaudésir qui se rendait à l'appel de Régina, auprès de qui un valet l'introduisit aussitôt :

— Fidèle au rendez-vous, reine des grâces, fit St-Léon, se présentant, gracieux et paré, devant Régina. Vous voyez en moi, très-chère, un homme grillant d'impatience, et pour qui cette journée d'attente a été un siècle de souffrance. — Mais dites-moi, que fait le mari? — Sorti dit-on je vous l'ai promis, et l'épouse seule dans sa chambrette, où, en qualité d'ami de son époux, la politesse vous oblige d'aller saluer en elle la maîtresse de la maison, dit la jeune femme avec gaité. — Superbe! Ordonnez donc, très-chère, qu'on me conduise vers cette jeune beauté dont je brûle de devenir le consolateur. — Moi-même, je vais vous conduire à sa porte; mais avant, St-Léon, écoutez-bien ce que je vais vous dire, et faites-en votre profit : Cette femme me gêne et me déplaît pour deux puissants motifs; or, je vous la jeune, vous m'y servez, vous pouvez donc tout oser. — Parfait! je vais être alors aussi entreprenant qu'irrésistible. — Venez donc, St-Léon!... Cela dit, Régina, s'armant d'une bougie, passa la première pour guider le dandy qu'elle ne quitta qu'à la porte de la chambre. — Qui est-là? demanda Alice en entendant entrer St Léon. — Moi, Madame, St-Léon de Beaudésir, qui, en qualité d'ami intime de votre époux, se permet de venir vous présenter ses hommages et ses respects, répondit le jeune homme, tout en dévisageant Alice. — Merci, Monsieur, de votre politesse; et malgré l'absence de M. Melville, soyez le bien venu dans cette demeure, dit Alice en se levant et saluant le visiteur avec autant de grâce que de modestie. — Foi de séducteur, cette petite caliborgne est vraiment adorable en diable, se dit St-Léon intérieurement. — Puis s'adressant à Alice en essayant de lui prendre cavalièrement la main que la jeune femme retira vivement : — Parbleu ! Madame; permettez-moi, en vous voyant, de féliciter Melville sur son bonheur, de posséder une aussi charmante épouse. Oh ! je ne m'étonne plus si, jaloux d'un pareil trésor, le très-bon le dérobe obstinément à tous les regards envieux. D'honneur ! vous êtes charmante.— Cessez de grâce, monsieur, ce langage flatteur auquel je suis peu faite, et je suis loin de mériter. — Ah ça, mais où diable cet animal de Melville a-t-il eu la chance de rencontrer une femme aussi parfaite? Vrai, le bonheur n'est ici que pour les mauvais sujets, reprit Saint-Léon d'un ton léger en se jetant sur un fauteuil et tout près d'Alice, que commençait à effrayer le langage tant soit peu excentrique du visiteur dont elle essayait de se reculer, sentant son siège par trop voisin du sien. — Pourquoi vous éloigner, charmante Alice? on est si bien ainsi près l'un de l'autre, surtout entre amis intimes, car tel est le titre que j'ambitionne de vous, de vous, qui certes ! méritiez un meilleur sort, un époux qui, loin de vous abandonner pour une autre femme, sût par ses soins, ses attentions mériter votre amour. — Monsieur, assez, de grâce, car je n'accorde à qui que ce soit le droit de me tenir un pareil langage et de médire à mes oreilles de l'homme dont je porte le nom, fit Alice avec dignité.— Ma foi, belle dame, j'en suis fâché, mais toute votre susceptibilité ne pourra imposer silence à ma franchise ; oui, je vous le répète, votre mari est un infâme, un débauché, un joueur, qui vous ruinera, vous rendra la femme la plus malheureuse du monde, et duquel il faut vous venger en daignant répondre à l'amour du galant homme qui, épris de vos charmes, par des soins empressés, sa constance, s'efforcera de trouver le chemin de votre cœur. — Monsieur, si votre but a été de m'insulter en vous présentant chez moi, ce procédé est celui d'un lâche... Sortez, ou j'appelle ! — Peine inutile, personne ne vous viendrait en aide, car nous sommes seuls dans cet appartement. Mais, loin de vous effrayer, rassurez-vous, madame, et veuillez encore m'entendre. Certes ! ma conviction, en me présentant chez vous, n'était pas que j'enleverais d'assaut votre cœur lors d'une première entrevue ; bel homme, dit-on, ce qui me permet de croire à quelques succès auprès du beau sexe. J'ai mis dans ma tête que je me ferais aimer de vous, et cela sera, j'aime à le persuader. — J'ai peine à le croire, monsieur, répondit ironiquement la jeune femme un peu rassurée, après avoir décidé qu'elle n'avait affaire qu'à un fat et à un sot animal qu'elle pensait des moins dangereux. — Eh bien ! belle Alice, en souffrant mes hommages, laissez-moi vous convaincre. — Depuis quand, monsieur, une femme honnête, et qui n'appartient pas, permet-elle à un homme de lui faire la cour ? — Mais cela se voit journellement, et même c'est passé en usage. — Dans un certain monde, c'est possible, je le sais ; mais dans celui qui m'a élevée et que je fréquentais avant de connaître monsieur Melville, cela s'appelait honte et infâmie, fit Alice avec dignité.—Ainsi donc, petite sauvage, à vous entendre, pas d'espérance posssible, mais bah ! me riant de vos innocents scrupules, à mon aide j'appellerai pour auxiliaire auprès de votre cœur le temps et mes qualités précieuses autant qu'irrésistibles. En disant ces dernières paroles d'un ton badin, Saint-Léon essayait de s'emparer de la main qu'Alice s'efforçait de soustraire à son entreprenante audace. — Laissez, de grâce, monsieur ; ces libertés m'offensent, et j'ai peine à croire que celui qui vous a envoyé ici vous ait autorisé à pousser l'audace jusqu'à l'injure envers une femme que son titre d'épouse et sa position malheureuse devraient rendre respectable à vos yeux. — Vous insulter, moi ! jamais ! mais est-ce un crime de vouloir prouver son amour à l'objet qui nous l'inspire? — Au nom du ciel ! monsieur, finissons, et sortez ! s'écria Alice hors d'elle en indiquant à Saint-Léon la porte de la chambre. — Sortir, soit ! mais non sans un baiser pour adieu.

Et, au cri que poussa Alice en se sentant entourée par les bras de Saint-Léon, une porte secrète, placée dans un des coins de la chambre, s'ouvrit subitement : deux hommes, dont le visage était caché par un mouchoir de soie, en sortirent et tombèrent sur Saint-Léon, s'emparèrent de lui, malgré ses efforts et ses cris, puis, après lui avoir mis un mouchoir sur la bouche, l'emportèrent pour aller le jeter à la porte de l'hôtel qui se referma brusquement sur lui.

X — SIX MOIS APRÈS

— Eh bien ! enfant ? — Eh bien, mère, encore dix mille francs à réunir aux quarante mille que j'ai déjà reçus d'elle, disait Etienne à sa mère, chez laquelle il venait d'entrer. — Sais-tu, garçon, qu'il faut que tu aies terriblement enjôlé cette Regina pour qu'elle soit aussi généreuse qu'elle l'est envers toi? — Il est temps, ma mère, que l'infâme rôle que je remplis se termine, car il est lâche à moi de feindre autant l'amour pour une femme que je déteste, lâche de profiter de sa faiblesse pour la dépouiller ! Et puis, voyez-vous, ma mère, ajouta le jeune homme avec l'expression de la tristesse en portant la main à son front, je ne suis qu'un homme, et malgré toute ma rancune contre cette Regina, dont la cupidité a fait le malheur éternel d'Alice et le mien, eh bien ! il faudrait être doué d'une force surnaturelle pour ne point faiblir, pour ne pas se laisser désarmer par tant d'amour, de caresses et d'abnégation ; car cette femme, que nous maudissons, elle m'aime, elle m'aime ! voyez-vous, mais d'un amour qui la tuera peut-être le jour où je lui dirai que je la méprise et qu'elle n'a jamais été que le jouet de ma vengeance et de mon hypocrisie. Oui, mère, oui, je vous l'avouerai, en dépit de mes efforts, de ma fermeté, je me suis souvent oublié, j'ai senti fléchir ma haine sous l'haleine brûlante et voluptueuse de cette dangereuse beauté, en sentant ses bras si beaux m'étreindre sur son cœur qui battait à l'unisson du mien ; enfin ! que vous dirai-je !... en recevant sur mes lèvres les siennes si suaves et si brûlantes qui me communiquaient l'amour et l'ivresse. Mère ! mère ! je vous le dis, il faut que cela finisse, car cette femme est bien dangereuse, et j'ai peur. — Ciel de Dieu ! que me dis-tu là, garçon ? Toi, aimer cette coquine, qui, depuis huit mois, torture une pauvre et innocente jeune femme dont elle vole la fortune. Elle est généreuse, dis-tu, mais est-ce de son argent ? Non, mais bien de celui d'Alice, de sa victime. Elle t'aime, prétends-tu encore ? mais elle a aimé ainsi tous les amants qu'elle a ruinés et abandonnés après. Aujourd'hui encore, ne trahit-elle pas pour toi cet imbécile de Melville, qu'elle plantera là pour reverdir aussitôt qu'elle l'aura dépouillé de son dernier sou. Etienne, sois ferme, imite-moi, enfant. Vois avec quelle persévérance je remplis, depuis six mois, la tâche que je me suis imposée, celle d'arracher à Melville, afin de les restituer un jour à la pauvre Alice, les débris d'une fortune qu'emportaient le jeu et la débauche ; à Alice qui, un jour peut-être, après que son indigne mari aura dissipé non-seulement sa dot, mais encore l'héritage que lui laissera sa grand'mère, l'abandonnera sans pitié, sans même lui laisser un bâton pour conduire ses pas. Etienne, Dieu nous seconde dans cette entreprise ; car enfin, grâce à notre adresse, déjà plus de cinquante mille francs, arrachés à ces prodigues, sont en réserve et en sûreté, en attendant le jour où il faudra les restituer à celle à qui ils appartiennent. Encore une fois, Etienne, du courage ! du courage.

Ainsi disait la mère Rabouleau, lorsque l'arrivée inattendue de Flandin vint lui couper la parole.

— Ah ! c'est vous, monsieur Flandin? Eh bien ! quelle nouvelle ? interrogea la marchande. — Une des plus importantes : madame Blangi, chez laquelle je me suis présenté ce matin, afin d'avoir des nouvelles de sa santé, est aujourd'hui plus indisposée que jamais, à la suite d'une forte crise qu'elle a ressentie cette nuit ; et de ma part, maman Rabouleau, je viens vous prier de vous rendre auprès d'elle le plus tôt possible, car le temps presse. — Pauvre chère femme ! ah ! elle me demande, elle veut me voir ? J'y vais, j'y cours à l'instant même.

Tout en disant, la bonne femme s'empressait de couvrir ses épaules d'un tartan, pour ensuite s'éloigner à grands pas, après avoir recommandé à Etienne d'attendre son retour.

Les huit jambes et les deux roues d'un omnibus emportèrent notre marchande, pour la déposer à la demeure de l'aïeule d'Alice, auprès de laquelle elle fut aussitôt introduite.

C'est dans un état de faiblesse extrême, presque sans pouls ni voix, et d'une pâleur mortelle, que la Rabouleau retrouve la vieille femme sur son lit de douleur ; auprès d'elle est un médecin épiant les progrès du mal, et s'occupant de rappeler à la vie ce corps usé par le temps et les chagrins. Madame Blangi pousse un soupir, entr'ouvre péniblement la paupière, et, reconnaissant la mère Rabouleau placée au chevet de son lit, en train d'essuyer les grosses larmes qui coulent de ses yeux, madame Blangi, donc, fait signe de la main au médecin et aux domestiques qui l'entourent de se retirer, et, restée seule avec la mère d'Étienne, la bonne vieille lui indique du doigt un meuble dont elle lui montre la clé placée sur la table de nuit.

— Je comprends, chère dame; vous voulez que j'ouvre ce meuble pour y prendre quelque chose? dit la mère Rabouleau, voyant la malade faire de vains efforts pour parler, et qui, ne pouvant y parvenir, fit de la tête un signe affirmatif. — Suffit! est-ce une fiole, un médicament? — Non, fit la vieille de la tête. — Des papiers, un portefeuille? — Oui, fut répondu par signe.

La marchande courut au secrétaire, placé en face du lit, et, après l'avoir ouvert, elle chercha dans plusieurs tiroirs, et, dans l'un d'eux, trouve un portefeuille bourré de papiers, qu'elle s'empresse d'apporter à la pauvre malade, qui, joyeuse, s'efforçait de sourire.

— Quoi! vous n'en voulez pas? qu'en faire alors? demanda la mère Rabouleau en voyant madame Blangi retirer sa main. Puis, après avoir réfléchi un instant :

— Ah! je crois comprendre. Est-ce que vous voulez que je garde ce portefeuille? — Oui. — Renferme-t-il des valeurs? — Oui. — Vous me faites dépositaire, afin qu'en cas de malheur je le remette à votre fille? — Oui. — Est-ce tout de suite? — Non. — Fort bien! j'y suis! vous voulez sauver cet argent des griffes de votre gendre et de celles de sa maîtresse? — Oui, oui! fit vivement, et toujours par signe, la grand'mère. — Afin que, lorsqu'ils auront ruiné votre chère enfant, ceci vienne à son secours? — Oui. — Merci, cent fois merci de votre honorable confiance, chère dame. Oh! soyez tranquille, foi de femme Rabouleau, cet argent sera fidèlement gardé; et au monde, jusqu'au moment propice d'en faire jouir votre Alice, il n'y aura que moi et mon brave Étienne qui connaîtront ce dépôt, à moins qu'il ne vous plaise que j'en avertisse Alice en cachette. — Non, répondit la vieille. — Alors, vous serez obéi, je le jure sur Dieu! reprit la marchande, la tête haute en levant la main vers le ciel, et il y avait, en ce moment, dans l'expression de cette femme, quelque chose de si sacré, de si solennel, qu'il eût été impossible d'élever un doute sur la sincérité de son serment.

Tandis que les choses se passaient ainsi entre madame Blangi et la marchande du Temple, Etienne et Flandin, restés au logis de cette dernière, causaient amicalement ensemble.

— Encore une fois, je vous le dis, mon cher Etienne, si votre désir le plus ardent est de revoir une fois encore cette pauvre Alice, venez sans crainte avec moi ce soir à l'hôtel, où Frigolette, nous prenant sous sa protection, nous introduira auprès de sa maîtresse. — Mais, Flandin, ne craignez-vous pas que cette démarche ne déplaise à Alice? — Bah! une femme est toujours enchantée de revoir, quand même, l'objet de son affection. — Mais si ce Melville, si Régina m'apercevaient?..... — Soyez sans crainte, c'est jour d'opéra, et ces enrichis n'auront garde de manquer l'occasion de se pavaner à la représentation. Or donc! rien à craindre et qui puisse nous faire obstacle! est-ce dit?....

— Volontiers, car pour moi, c'est le bonheur, c'est la vie, que de revoir mon Alice bien-aimée.

Et comme pour affermir et protéger Etienne, Frigolette, rieuse et chantante, après avoir ouvert la porte, se présenta à ses yeux.

— Quoi, vous ici à cette heure, charmante cameriste? fit Flandin joyeux et émerveillé de la présence de la jolie fille, dont il était sérieusement amoureux sans vouloir se l'avouer.

— Moi-même, à qui une gentille maîtresse a permis que je vinsse faire une visite de la bonne maman Rabouleau... Mais où donc est-elle? demanda Frigolette en cherchant du regard dans la chambre. — Chez madame Blangi, qui lui a fait appeler ce matin, dit Étienne. — Mille dieux! dire que la fortune de cette sainte femme deviendra encore la proie de ce misérable Melville et de sa Régina maudite! s'écrie Flandin. — Frigolette, Alice connaît-elle le fâcheux état de son aïeule? s'informa Étienne. — Depuis hier seulement, mais hélas! c'est en vain que la pauvre martyre a supplié son digne époux de lui permettre d'aller prodiguer ses soins à sa vieille mère; prières ni larmes n'ont pu attendrir ce méchant, qui est resté implacable. — L'infâme! fit Étienne indigné. — Parbleu! ne devinez-vous pas le motif de ce refus? dit Flandin. Le drôle craint trop que quelques machinations entre sa femme et la pauvre malade ne lui enlèvent quelques écus de la succession qu'il convoite et attend avec impatience. Raison de plus, cher Etienne, si Alice est chagrine et souffrante, pour lui faire ce soir notre visite projetée, ainsi que nous en sommes convenus, visite que daignera protéger la chère Frigolette, hein! qu'en dites-vous, gentille fillette? — De tout mon cœur, si ce soir, à la nuit, vous consentez à venir m'attendre à la petite porte du jardin qui donne sur les terrains de Tivoli, et par où je vous introduirai sans qu'aucun valet ne s'aperçoive de votre présence.

La proposition fut acceptée avec enthousiasme par Etienne qui, après avoir de nouveau accablé la jeune fille de questions concernant Alice, et, rappelé par les devoirs de son emploi, fut contraint de quitter Flandin et Frigolette qu'il laissa en tête à tête, à la grande joie du premier.

— Enfin, me voilà donc seul une bonne fois avec vous, charmante Frigolette, s'écria Flandin avec feu et en fixant sur la jolie fille un regard passionné qui commença par l'effrayer. — O mon Dieu! monsieur Flandin, comme vous me dites ça! dit Rigolette en se reculant. — C'est que je vous aime, c'est que je vous adore, fille charmante, qui sans cesse se fait un cruel plaisir de me fuir et de me dédaigner; et, puisque le plus heureux des hasards me permet de vous exprimer aujourd'hui, et sans témoin, l'excès de ma flamme, eh! bien, Frigolette, vous m'entendrez!... Frigolette, je vous aime, je meurs d'amour pour vous, j'en dessèche qu'en dites-vous? — Dame! que cela me fait beaucoup d'honneur qu'un beau monsieur veuille bien avoir de l'amitié pour moi, pauvre fille; mais que je préférerais avoir inspiré ces beaux sentiments à un bon et brave ouvrier, qui me dirait franchement en me tendant sa bonne main calleuse : Frigolette, je t'aime! veux-tu devenir ma femme? Et alors je lui dirais : De tout mon cœur! — Quoi! ma charmante, lorsque chaque jour vous êtes témoin des tribulations que procure le mariage, vous conservez un faible pour cet atroce lien? — Oui, monsieur, parce que tous les hommes ne sont pas des Alexis Melville. — Frigolette, si vous saviez combien l'amour est cent fois meilleur, plus vif entre deux amants, lorsqu'un lien gênant et indissoluble n'en fait pas un devoir! car, alors, on n'est unis que par l'amour, et la crainte qu'on a de se déplaire l'un à l'autre, de se perdre peut-être, fait que sans cesse on redouble de soins et d'égards. — En effet! c'est gentil, et c'est aussi pour conserver l'amitié de mon mari que je serai toujours pour lui une bonne petite femme. — Ainsi, Frigolette, c'est votre dernier mot : pas d'amour sans mariage? — Oui, Monsieur, mon dernier mot. Vous voyez bien alors que vous ne devez rien attendre de moi, vous, un ambitieux à qui il faut une femme riche à vingt-cinq mille francs de rente. — Beaucoup moins, Frigolette, beaucoup moins; mais pour être heureux en ménage il faut un peu d'aisance. — Et comme je ne pourrais vous apporter qu'amitié, bonheur et intelligence, je ne puis donc être à vous. — Je vous adore cependant, et sans vous je ne peux plus vivre. — Eh bien! moi, en vous voyant depuis trois mois me faire assidûment votre cour, je me suis, pour vous, laissée prendre d'amitié, parce qu'au fond, l'intérêt à part, vous êtes un bon enfant. — En vérité, Frigolette, vous m'aimeriez? Oh! mais c'est charmant! c'est à en perdre la tête de bonheur! s'écrie Flandin ivre de joie. — Mon Dieu! ne vous dérôlez pas tant, vous n'en aurez pas pour cela davantage, car si mon voisin le passementier, qui habite cette maison, me renouvelle encore la demande de ma main, comme il l'a déjà fait trois fois, je me décide et tiendrai madame Capricard. — Capricard! quelle horrible dénomination. Ah fi!... Mais, Frigolette, vous n'aurez pas l'infâmie de me désoler à ce point, de donner votre cœur, vos beaux yeux si noirs et si mutins, votre taille de sylphide, à un horrible Capricard. — Je crois qu'il aura tout cela, moi. — Au nom du Ciel! Frigolette, attendez au moins, ne vous pressez pas.

Comme Flandin terminait ces dernières paroles, la porte s'ouvrit et parut la mère Rabouleau, l'air lugubre, le visage renversé, pour aller se jeter sur une chaise et pousser de gros soupirs.

— Eh bien, bourgeoise, quoi de nouveau? comment va cette pauvre dame Blangi? — Perdue!... Ce soir, peut-être avant, tout sera fini, répliqua la marchande en s'essuyant de grosses larmes qui s'échappaient de sa paupière.

XI — UNE SURPRISE

— Je me rends à votre invitation, madame, disait Mel

ville, le même jour, en se présentant chez Alice ; parlez, que voulez-vous de moi ? — Vous adresser de nouveau une prière, monsieur, de me permettre de remplir un devoir, celui de me rendre auprès de mon aïeule souffrante pour lui prodiguer mes soins et mes consolations. J'ose croire, monsieur, que vous ne pousserez pas la cruauté jusqu'à m'interdire plus longtemps le droit sacré que je réclame de votre raison et de votre humanité, répondit Alice. — Je comprends, ma chère Alice, que sachant votre grand'mère malade, vous désiriez vous rendre à son chevet ; et, certes, je me ferais un devoir de vous en accorder la permission, même de vous y conduire moi-même, si je n'avais appris, par un de mes gens que j'ai envoyé chez madame Blangi, que cette dame est entièrement remise de l'indisposition qui l'avait frappée. Ainsi, ma chère, votre démarche serait donc inutile, puisqu'il n'existe plus chez votre aïeule ni malaise ni crainte. — Inutile ! dites-vous, monsieur ? Est-ce donc inutilement qu'on va voir ceux qu'on aime et qui vous aiment ? Mieux que toute autre, n'ai-je pas besoin d'aller puiser dans le sein d'une mère, d'une amie, la force et la consolation ? — Ah ! nous y voilà ! la force, n'est-ce pas, de résister à mes désirs et à mes volontés ; la consolation, c'est-à-dire les mauvais conseils qui vous font haïr et mépriser votre époux ? Eh ! bien, madame, telles sont les raisons majeures qui m'ont fait vous interdire la présence de votre aïeule, que vous n'abordiez jamais que pour me calomnier. — Vous mentez, monsieur ! s'écria Alice avec fermeté, vous mentez, vous dis-je ! car instruire ma vieille mère les insultes dont on m'abreuve dans votre maison, lui dire qu'ici, chez moi ! je ne suis qu'une pauvre recluse dédaignée, abandonnée ; que la maîtresse de mon mari règne seule en souveraine où seule l'épouse devrait commander, c'eût été donner à ma pauvre vieille mère le désespoir et la mort, et Dieu m'a gardée de cette infamie. Encore une fois, monsieur, cessant de traiter votre femme en captive, voulez-vous me laisser aller voir ma mère ? — Dans quelques jours, j'y consens, répliqua Melville avec effort. — Oui, je vous comprends, quand elle sera morte, peut-être.

Et cela disant d'une voix déchirante, Alice laissa échapper de ses yeux deux ruisseaux de larmes, dont la vue vint un instant émouvoir Alexis, qui alors essaya de saisir doucement la main de sa femme, que cette dernière retira vivement, comme si elle venait de ressentir la morsure d'un serpent. — Ainsi, madame exige de moi soumission, complaisance, lorsqu'on elle je ne trouve que haine et dédain, fit Alexis humilié, en se levant vivement pour se promener à grands pas dans la chambre. Alice ! Alice ! reprit-il, qu'avez-vous fait pour mériter mon amour et mes soins ? Rien, je n'ai dû votre possession, le titre de votre époux, qu'au hasard ou à la ruse ! Décidé, peut-être, à devenir un bon mari, à n'aimer que vous, j'ai vainement tenté de vous faire comprendre et partager mes désirs, car la première nuit qui succéda à notre union, vous me refusâtes le partage de votre couche, vous me repoussâtes avec horreur et mépris, et depuis ce temps, madame, nourrissant en votre âme une passion coupable pour un autre, pour l'amant auquel je vous ai ravie, vous n'avez cessé d'être pour moi qu'une étrangère, une ennemie implacable. Et, lorsque votre froideur m'a forcé de chercher dans un autre amour, auprès d'une autre femme, ce que vous me refusez, osez encore vous plaindre, madame, osez ! et le monde jugera !

Cela dit, Melville quitta la chambre brusquement, laissant Alice anéantie et les yeux pleins de larmes, pour se rendre à l'appartement de Régina, où il pénétra soucieux.

— Que vous voulait encore cette pleurnicheuse ? s'informa Régina brodant au coin du feu, et en tournant la tête du côté de Melville. — Obtenir de moi la permission de se rendre chez son aïeule. — J'espère, Alexis, que vous avez été assez prudent pour vous rappeler qu'il va de nos intérêts d'empêcher toute réunion entre ces deux femmes ? — Certes ! aussi ai-je refusé ; et cependant avec peine, vous l'avouerai-je, car il est infâme de laisser mourir ainsi une pauvre vieille femme loin de son enfant, de priver ce dernier du devoir sacré de lui fermer les yeux. Régina, je ne sais, mais tout mon stoïcisme, toute ma philosophie ne peuvent me garantir d'un pénible pressentiment, celui que votre froide cruauté, que je n'agis en tout ceci que d'après vos impressions, nous portera malheur. — Comment ! de la superstition, de la faiblesse ! En vérité, Melville, je ne vous reconnais plus, vous baissez, mon très-bon. Mais, fou que vous êtes, réfléchissez donc que la moindre condescendance de votre part, la plus petite entrevue entre Alice et son aïeule, peut nous faire échapper la succession prête à nous

échoir. Irritée contre vous, cette vieille peut s'entendre avec Alice, lui confier en secret des titres dont l'absence serait pour nous la perte de la nouvelle fortune que nous attendons avec tant d'impatience. Encore une fois, pensez-y ; la gêne en ce moment frappe à notre porte, et l'usure nous gruge, cela, Melville, grâce à cette terrible passion pour le jeu, qui vous fait, chaque nuit, engloutir des monts d'or sur un tapis vert ; enfin, pensez que tout est fini pour nous si l'héritage de la grand'mère de votre femme vient à nous échapper. — Nous sommes ruinés, dites-vous ? et c'est à moi, à ma passion pour le jeu, que vous attribuez ce funeste désordre. Je conviens, très-chère, d'avoir mené rondement la dot de ma femme ; mais vous, l'avez-vous mieux épargnée que votre serviteur ? Que sont devenus les cent mille francs qu'il m'a fallu vous compter huit jours après mon mariage, d'après certain acte arraché à ma trop grande faiblesse ? Que sont devenues plusieurs sommes importantes qu'il vous a plus, chère belle, de puiser dans ma caisse, et sans autre volonté que la vôtre, tant impérieuse ! — Assez ! ces questions me fatiguent, interrompit Régina en jetant de côté avec humeur la broderie qu'elle tenait à la main. Croyez-vous donc, Melville, qu'il ne m'a pas fallu venir souvent au secours de vos folles dépenses ? Depuis quand, mon cher, mène-t-on, avec quinze mille livres de rente, un train de seigneur, et cela, sans ruiner le capital ? Allons, vous êtes fou, mon très-cher ! Croyez-moi, suivez mes conseils : pas d'imprudentes sensibleries, et vivons en paix, surtout en ménageant mieux notre nouvelle fortune que vous n'avez fait de la première.

En disant, Régina ayant pris Melville par la main, l'attirait à elle en lui présentant ses lèvres sur lesquelles le faible amant déposa un baiser.

A la suite de cet entretien que n'interrompit point le baiser en question, Melville, d'après le conseil de Régina, se sépara d'elle pour se rendre chez madame Blangi, et là, y épier l'agonie de la pauvre femme se mourant au milieu de ses valets attristés, et loin de son enfant chérie.

Les horloges du quartier venaient de se renvoyer les unes aux autres la neuvième heure du soir, lorsque Frigolette, après s'être échappée à bas bruit de la chambre d'Alice, pauvre enfant qu'absorbait la douleur, et sur le visage de laquelle était empreinte une expression martyréenne et résignée, la jeune chambrière donc, après avoir franchi un étage, gagna le petit jardin situé derrière le bâtiment de l'hôtel, le traversa d'un pied léger, et atteignit une petite porte verte qu'elle ouvrit sans bruit à Etienne, qu'elle prit par la main pour le conduire en silence jusqu'au petit salon qui précédait la chambre à coucher d'Alice.

— Attendez pour entrer que je vous en donne avis, Etienne ; surtout, patience et silence.

Ayant dit, la jeune fille laissa Etienne seul dans l'obscurité, pour retourner auprès d'Alice qui, levant tristement la tête qu'elle appuyait sur sa main, lui demanda d'où elle venait. — D'ouvrir à quelqu'un qui mourait d'envie d'entrer ici, dit Frigolette. — Qui donc ? amie, ne peux-tu me le nommer ? demanda Alice. — A un ami. — Mais encore ? — A... à monsieur Flandin. — Vraiment ! Eh bien ! qu'en as-tu fait de ce cher cousin ? — Dame ! je l'ai déposé sans lumière, dans le petit salon, jusqu'à ce qu'il vous plaise, chère maîtresse, de me donner l'ordre de l'amener auprès de vous. — Fais-le entrer, Frigolette, car c'est un ami dont la pitié nous est acquise.

A peine Alice eut-elle prononcé ces mots, que l'impatient Etienne, qui avait entendu, vint tomber aux genoux d'Alice et baigner sa main de larmes brûlantes.

— Mon Dieu ! vous pleurez, mon bon cousin ? oh ! merci de ce vif intérêt dont mon cœur vous tiendra compte toujours ! — Alice, chère Alice ! reconnaissez ma voix, murmura Etienne d'un accent qu'étouffaient ses sanglots. — Grand Dieu ! vous ici, malheureux ! hélas ! si l'on vous surprenait, je serais accusée, perdue. Partez, éloignez-vous, au nom du ciel ! s'écria Alice effrayée en reculant. — Partir ! ne plus vous voir ! oh ! non, de grâce, mon Alice, un instant, un seul, permets que je t'admire, que je t'entende et que je te renouvelle à tes genoux le serment de toujours t'adorer ! Alice, prends pitié d'un infortuné que, loin de toi, la douleur dévore ! Alice, pitié, pitié pour le martyre que j'endure ! — Hélas ! que me demandez-vous, Etienne ? vous savez bien que je ne m'appartiens plus, qu'une odieuse union a desséché ce cœur que je vous avais donné. Etienne, fuyez, éloignez-vous de celle à qui il n'est plus permis de vous aimer, celle pour qui votre présence serait un surcroît d'humiliation et de torture si ses bourreaux vous surprenaient ici, ajouta la jeune femme hors d'elle, tremblante et les mains jointes. — Te fuir, hélas! tu l'ordonnes, Alice! et bien! dis-moi, oh! dis-moi que tu m'aimes encore, que tu n'as pas oublié le malheureux Etienne, disait l'amant suppliant et agenouillé. — Oui, je vous aime Etienne, et votre souvenir ne s'envolera de mon cœur qu'avec mon dernier soupir. — Alice, je pars heureux ; mais un baiser, de grâce, un seul... peut-être le dernier, mais qui rendra à mon âme désolée le courage, l'espérance et la force. — Etienne, j'y consens ; mais ce n'est point ici à l'amant que j'accorde cette preuve d'amitié, mais bien à mon ami d'enfance.

Et cela dit, la jeune femme, émue, tremblante, après avoir cherché de la main le front du jeune homme, y déposa un baiser timide, dont le bruit, quoique léger, bruissait encore lorsque la porte de la chambre s'ouvrit brusquement pour donner entrée à Régina, qui s'arrêta pâle, frémissante de colère sur le seuil, fixant sur Alice et sur Etienne, encore agenouillé, un regard d'un éclat insoutenable, Régina, dont les prunelles horriblement dilatées jetaient des éclairs de fureur et de haine.

A la vue de cette femme, Etienne se releva vivement, et de sa bouche s'échappa involontairement et tout haut le nom de Régina.

— Régina! ah! je suis perdue! s'écria Alice avec effroi et désespoir. — Oui, Régina qui était loin de s'attendre à trouver ici un amant aux pieds de sa maîtresse. — Dites un ami d'enfance, madame, un ami qui, désireux d'apporter quelques consolations à la plus à plaindre des femmes, s'est introduit ce soir auprès d'elle par surprise et contre sa volonté, dit Etienne. — Etienne, ne cherchez point à nous excuser, ce serait en vain, car il est de ces gens qui, ayant rompu avec l'honneur et la vertu, ne se plaisent qu'à voir le crime et le parjure dans le cœur des autres, dit Alice. — Alice, vous m'insultez injustement ; loin de vous accuser, je vous plains, au contraire, vous, femme crédule, qui, gardant religieusement le souvenir d'un amour pur et désintéressé, croyez retrouver encore aujourd'hui, dans l'homme qui vous l'inspira, un amant sincère et fidèle. Désabusez-vous donc, pauvre dupe, car Etienne Rabouleau est mon amant depuis six mois. Osez le nier, monsieur! fit Régina avec force et en fixant sur Etienne un regard impérieux. — Mon Dieu! il se pourrait! Mais non, c'est impossible! n'est-ce pas, Etienne, que vous n'êtes point l'amant de cette femme? s'écria Alice éperdue. — Cette femme, je lui ai faussement prodigué mes serments et mes caresses ; pour vous venger d'elle, je m'en suis fait bas, vil, trompeur, j'ai feint de répondre à son amour, mais pour la désoler le jour où je devais lui jeter la vérité et le mépris à la face. Enfin, j'ai voulu lui faire endurer le supplice qu'elle et son amant nous ont fait endurer, après avoir arraché de ses mains une forte partie de la fortune qu'elle et son complice vous ont volée, Alice, telle est la vérité! — Ah! vous avez fait cela, Etienne! Bravo, car vous êtes un habile comédien : franchement, qui ne se serait mépris à l'ardeur des longs et brûlants baisers que vous me prodiguiez? qui n'aurait pris pour tendres et sincères, les serments et les douces paroles que vous me faisiez entendre dans nos longs et secrets entretiens? Quoi, tout cela n'était que fausseté, comédie? En vérité, j'ai peine à le croire!

Ainsi disait Régina avec amertume, accentuant ses paroles, afin qu'elles pénétrassent toutes plus profondément dans le cœur d'Alice, qu'elles torturaient cruellement.

— Oui, fausseté et perfidie, reprit Etienne, car le cœur où régnait et règne encore l'image de celle que m'ont ravi vos intrigues, ne pouvait, croyez-le, admettre un autre amour. Oui, madame, je vous trompais, non guidé par une basse cupidité ; mais, je le répète, pour mieux arracher de vos mains un argent qui ne vous appartenait pas, et que vous m'avez donné, un jour, servira à donner du pain à celle que vos prodigalités vont avant peu plonger dans une affreuse misère. Telle est la vérité, Alice : à vous mon cœur, à cette femme, à la concubine de votre indigne époux, mon mépris et l'oubli. Adieu, Alice, adieu! et lorsque la misère et l'abandon qui vous attendent seront devenus votre affreux partage, n'oubliez pas qu'un ma mère et en moi, il vous reste des amis dévoués... Maintenant, arrière, madame, que je sorte d'ici, termina Etienne en s'adressant à Régina, qui, demeurée devant la porte, fixait sur lui un regard où se peignaient la colère et la haine.

Régina, sans proférer une parole, se rangea de côté pour laisser passer le jeune homme, que ses yeux suivirent jusqu'à ce qu'il fût disparu dans l'obscurité qui régnait alors dans l'appartement. Restée seule dans la chambre avec Alice, notre lorette demeura un instant spectatrice silencieuse des larmes abondantes et du désespoir de la jeune aveugle, laissa errer sur ses lèvres un sourire ironique, puis ensuite s'éloigna d'un pas rapide, sans prendre congé d'Alice.

XII — TROIS JOURS APRÈS

— Rien! rien! c'est à en perdre la tête! — Mais c'est impossible! vous aurez mal cherché ; il doit y avoir des titres, des valeurs ; car enfin, Melville, cette femme était riche, riche à trois cent mille francs, disait-on. — Je vous le répète, Régina, j'étais présent lorsqu'elle rendit le dernier soupir ; à peine ses yeux furent-ils fermés, que je fis aussitôt sortir tout le monde de la chambre mortuaire, et, seul enfin, je m'empressai d'ouvrir meubles et tiroirs. Eh bien! pas un papier, pas d'argent, rien, rien! — Ainsi, de cette façon, nous voici ruinés, fit Régina anéantie. — Ou peu s'en faut, car qu'est-ce qu'une centaine de mille francs qui nous restera après avoir tout vendu et réalisé, pour des gens comme nous? — Melville, il est impossible que cette vieille soit morte sans fortune. Mécontente de vous, elle aura fait disparaître son argent, et l'aura confié à des mains qui nous sont inconnues ; et votre femme doit être dans le secret ; interrogez donc Alice, et même forcez-la, s'il le faut, à vous avouer la vérité. Allez, allez! — Quoi, sitôt! mais la pauvre femme, qui de ce matin seulement connaît la perte qu'elle vient de faire, est en ce moment plongée dans les larmes et le désespoir ; attendons au moins jusqu'à demain, la charité nous en fait un devoir. — Et moi, je vous dis qu'il faut agir à l'instant même et profiter de ce que Alice, encore sous l'empire de la terreur que lui a causée la scène que vous lui fîtes hier, pour avoir reçu chez elle cet Etienne, n'osera vous résister. — Mais voulez-vous donc que je la rende folle de désespoir? Régina, êtes-vous donc sans pitié? — D'abord, cette fortune qui nous échappe, et après, libre à vous de vous apitoyer. Allez, Melville, allez! si mieux vous ne préférez vous charger de m'acquitter de cette importante mission. — Non, restez, répondit Alexis, pour aussitôt se diriger vers l'appartement d'Alice. — Est-ce toi enfin, ma bonne Frigolette? demanda Alice d'une voix accentuée par la douleur et les larmes, en entendant entrer dans sa chambre. — Non, madame, car votre femme de chambre s'étant faite la complaisante de vos amours, le mercure de vos intrigues galantes, d'après mes ordres, a quitté ce matin même cette maison, pour n'y plus rentrer. — C'était la seule amie qui me restait au monde, et vous m'en avez privée ; je devais m'attendre à ce nouveau chagrin de votre part. Mais pour Dieu, monsieur, lorsque vous parlez de moi ou de ce qui me concerne, veuillez, je vous prie, choisir des expressions moins insultantes pour mon honneur. Je vous l'ai dit hier, monsieur, lorsque sous un faux semblant de jalousie, vous vîntes m'injurier par des reproches honteux, je n'ai rien à me reprocher, ma conscience est pure, et si votre maîtresse a rencontré ici M. Etienne, c'est qu'il s'y était introduit par la ruse, et contre ma volonté. — Fort bien, madame, mais ce baiser que vous lui donnâtes, est-ce par la ruse qu'il l'obtint de vous? — Ce baiser qu'il me demandait, ce fut l'amitié qui le lui donna, et non l'amour, répondit froidement Alice. — Et vous auriez l'impudente prétention, de me faire prendre le change sur la valeur de cette caresse coupable! de me faire accroire que vous avez cessé d'aimer cet Etienne? — Je l'aime encore, monsieur, je l'aimerai toujours, reprit Alice. — Quelle audace! fit Alexis jouant l'homme courroucé : puis, reprenant d'un ton plus doux et résigné : Ecoutez, madame, dit-il, il est un moyen de vous faire pardonner la faute qui excite mon courroux, et ce moyen est de répondre avec franchise aux questions que je vais vous adresser : A quelle époque votre mère a-t-elle vendu sa villa de Marly? — Cinq mois après que vous fûtes devenu mon mari, monsieur. — Madame Blangi possédait-elle encore des immeubles à la Havane? — Non, monsieur ; lorsque nous vînmes en France, la fortune de mon aïeule et la mienne furent placées en portefeuille. — Ces fonds, en arrivant, furent placés chez quelque banquier, sans doute? — Oui. — Où demeure ce banquier, répondez? — Je l'ignore. — Vous l'ignorez! mais c'est impossible! Alice ; rappelez vos souvenirs ; ceci est de la dernière importance, car vous saurez que votre aïeule n'a laissé aucun titre, aucune valeur, même aucun renseignement, et que, grâce à cette négligence, vous cou-

rez risque de perdre la fortune qu'elle vous a laissée en mourant. — Peut-être a-t-il plu à ma sainte mère de disposer de son bien en faveur d'un autre que moi ; que sa volonté soit faite ; alors je la respecte, soupira Alice. — Mais moi, qui n'entends pas qu'on vous dépouille injustement, je veux retrouver cet argent.., Alice, vous devez savoir ce qu'il est devenu, et je vous somme de m'en instruire. — Encore une fois, monsieur, à vous, qu'un vil intérêt pousse à venir troubler sans pitié, par vos importunes questions, la douleur d'une fille qui pleure la perte de la meilleure des mères, je répondrai que j'ignore ce que mon aïeule a fait de sa fortune.
— Vous mentez, vous dis-je, vous mentez ! s'écria Alexis en fureur, et prenant avec violence dans sa main le bras de la jeune femme, à qui cette cruelle étreinte fit pousser un cri de douleur. — Encore une fois, reprit-il, me direz-vous, madame, ce qu'est devenue cette fortune ? — Je ne puis, car je l'ignore. — Votre aïeule vous l'aura remise, madame, et vous, me le cachez. Malheur à vous, alors, malheur ! s'écria Melville dans le paroxisme de sa fureur, en faisant tomber Alice, tremblante, sur les deux genoux. — Tuez-moi, monsieur, oh ! tuez-moi, je vous en supplie, s'écria la pauvre femme plus morte que vive, en versant un torrent de larmes.|— Cet argent, où est-il ? où est-il ? où est-il ? reprit Alexis avec force et violence.
Nulles paroles ne répondirent à cette dernière question, car Alice, succombant sous le poids de sa douleur, venait de tomber inanimée sur le tapis du parquet. A cette vue, Melville, surpris, effrayé peut-être, s'empressait de se baisser pour porter secours à sa femme, lorsque la main de Régina, se plaçant sur son épaule, lui fit subitement tourner la tête.
— J'ai tout entendu, placée derrière cette porte ; mais loin de la rappeler à la vie, profitons, au contraire, de cet évanouissement pour visiter les meubles de cette chambre, où, dépositaire peut-être des titres ou de l'argent que nous cherchons, cette femme entêtée peut les avoir cachés, dit Régina à voix basse. — Cependant elle se meurt, répliqua Melville. — Non, elle repose... Cherchons donc !
Et, comme des voleurs, tous deux s'empressèrent d'ouvrir meubles et tiroirs, de briser ceux qui, fermés à clef, résistaient à leur cupidité, pour s'emparer des papiers et objets qu'ils contenaient, même de quelques pièces d'or renfermées dans une bourse, pieuses épargnes qu'Alice réservait aux pauvres, et que lui avait données son aïeule.
Enfin, maître de tout ce butin, les deux complices s'empressèrent de quitter la chambre pour regagner la leur, après qu'Alexis eut, en chemin, donné l'ordre à une servante de se rendre près d'Alice et de lui donner les soins qu'exigeait sa position.
— Rien, rien encore ! s'écriaient de nouveau avec rage Melville et Régina, en rejetant sur la table le dernier de tous les papiers qu'ils venaient de visiter. — Ruinés, ruinés sans espérance, reprit Régina accablée. — A qui la faute, misérable femme ? si ce n'est à toi, qui, toujours orgueilleuse et cupide, afin de mieux saisir ta proie et de la dépouiller, es venue sottement t'installer dans cette demeure pour trahir notre liaison ; toi, dont les funestes conseils m'ont fait faillir à toute prudence, isoler, abandonner Alice, et la contraindre à me haïr encore plus. Seul, libre d'agir enfin, j'aurais, par quelques soins, des égards, ramené ma femme, conservé la confiance de son aïeule, qui, voyant en moi un bon mari, sa petite-fille heureuse et honorée, n'aurait, certes, point pensé à me déshériter ; mais non ! tu craignais trop, trop, vaincu, désarmé par les vertus, la douceur d'Alice, je n'oubliasse en toi la maîtresse hautaine, et de perdre la part que tu ambitionnais. Avide de jouir, il t'a fallu un hôtel, un équipage, des valets, un train de duchesse, et cela sans réfléchir, intrigante maladroite, que madame Blangi, sachant qu'une étrangère usurpait la place de sa petite-fille et taillait dans sa fortune comme si elle était la sienne propre ; en voyant son gendre tolérer lâchement un pareil désordre, un semblable cynisme, ferait en sorte de soustraire sa fortune à notre rapacité : ainsi à nous désormais la gêne, et à bientôt la misère ; car, crois-moi, Régina, la richesse nous échappe aujourd'hui et pour toujours. — Non, si vous savez vaincre l'obstination d'Alice et lui arracher son secret ; car elle a beau s'en défendre, croyez-moi, si elle ne possède déjà la fortune de son aïeule, elle ne peut ignorer où elle est déposée. Du courage, Melville, à ce prix, rien n'est encore désespéré.
— Qu'exiges-tu donc ? Que, pour la contraindre à parler, j'applique la torture à une faible femme ? Ah ! je ne me sens pas ce courage féroce, fit Alexis avec dégoût. — Ni moi de retomber dans la misère. Choisissez-donc, Melville ; il me faut cette fortune, ou je romps avec vous.

A ces mots, que Régina venait d'accompagner d'un regard satanique, Melville bondit sur son siège et se mit à parcourir la chambre à grands pas ; puis, s'arrêtant subitement en face de Régina, pour river sur elle un regard furieux :
— Qu'as-tu donc fait, fille d'enfer, de tout ce que tu as soustrait à ma faiblesse, pour redouter autant la pauvreté, lorsque pour prix de tes efforts à seconder la ruse qui m'a rendu le mari d'Alice Blangi, je t'ai laissé puiser à pleines mains dans ma caisse et dévorer mon or ? Depuis quand une fille de portière, une ex-couturière, ne peut-elle se contenter d'un riche denier sans appréhender la misère ? Et lorsque je pensais avoir une amie sincère et généreuse autant que je l'ai été envers toi, tu me menaces de l'abandon, de garder pour toi seule tout butin, après avoir aidé à ma ruine. Mais ton cœur n'est donc pétri que d'égoïsme et d'ingratitude ?.... Réponds...... Ah ! tu gardes le silence. — A l'insulte, je ne sais répondre que par le mépris, dit Régina avec ironie et fierté. — Fort bien ! tais-toi, si telle est ta volonté, mais, du moins, que les actions parlent en ta faveur.... Régina, j'ai besoin, aujourd'hui même, de trente mille francs ; cette somme m'est indispensable pour satisfaire une dette de jeu contractée par moi ; ma parole est engagée, et je compte sur toi, reprit Melville en fixant sur Régina un regard scrutateur. — Vous avez tort, car il ne me convient pas, mon très-bon, de payer les dettes d'un fou et d'un joueur, répliqua sèchement la coquette. — Encore une fois, il me faut cet argent ! il me le faut, ou malheur à toi, misérable femme ! s'écria Melville furieux en levant sur Régina un poing menaçant, dont la vue fit pâlir la jeune femme, de qui les dents blanches et fines se colorèrent aussitôt d'une légère teinte de sang rosé qu'elle venait d'arracher à ses lèvres mordues, tant le dépit et la colère la dominaient.
— Écoute, reprit Melville devenu plus calme, tant que j'ai cru voir et posséder en toi une amie dévouée et généreuse, décidée à partager avec moi bonne et mauvaise fortune, je t'ai aimée, Régina, au point de sacrifier pour toi bonheur, honneur, avenir ; mais aujourd'hui, si tu tiens à conserver ce même amour, par grâce, dissimule mieux ton égoïsme, garde-toi de me montrer plus longtemps à nu la sécheresse de ton âme, car alors je croirai que tu ne m'as jamais aimé, que j'ai toujours été la dupe de tes calculs et de ta noire fourberie. Encore une fois, réponds, Régina, puis-je compter sur la somme que je te demande ? — Non, fit froidement Régina. — Persistes-tu à vouloir rompre avec moi si je ne deviens possesseur de la fortune de madame Blangi ? — Oui, car votre faiblesse seule vous aura privé de ce riche héritage. — Mais alors, tu ne m'as donc jamais aimé que par intérêt et calcul ? s'écria Melville exaspéré. — Pour Dieu, mon cher, quand mettrez-vous donc fin à toutes ces questions fastidieuses et ridicules, à ce salmigondis de phrases incohérentes, entrelardées de dépit, d'injures et de tendresse. Vrai, vous me faites, en ce moment, l'effet d'un Othello furieux et passablement ridicule. Ça, Melville, depuis quand, entre gens de notre trempe, s'aime-t-on sérieusement et à perpétuité ? Rappelez-vous donc, cher bon, qu'en fait de liaison entre débauché et lorette, le plaisir seul est de la partie, que des semblants d'amour, ne prennent racine que dans la tête, n'atteignent jamais le cœur, et que celui qui les prend au sérieux n'est véritablement qu'un sot ou un niais, fit Régina en grimaçant le sourire.
Alexis, exaspéré, levait sur Régina un regard qui trahissait une tempête prête à éclater, lorsque la porte de la chambre s'ouvrit, et que se présenta la mère Rabouleau sans s'être fait annoncer.
— Bonjour, mes chérubins ; c'est moi qui, en passant devant votre porte, me suis dit comme ça : Tiens ! puisque m'y voilà toute transportée, entrons donc savoir si les petits anges du bon Dieu n'auraient pas quelquefois besoin de mon petit ministère, et me voilà.... Eh bien ! quoi pas de réponse, des visages grimauds.... Ah ! çà, est-ce qu'il y aurait par hasard de la brouille dans les amours ?
Ainsi disait la marchande avec volubilité, après s'être jetée sans façon sur le siège le plus moelleux.
— Mère Rabouleau, vous m'attendrai demain toute la matinée chez moi, non ici, mais rue Neuve-Saint-Georges.
Cela dit, Régina sortit précipitamment de la chambre, sans daigner prendre congé de Melville.

— Qu'est-ce qu'elle a, cette mignonne? Bien sûr que vous lui aurez fait de la peine, mauvais sujet? reprit la marchande d'un ton mignard. — Dites-moi, la femme, êtes-vous en fonds? fit Melville vivement et pour toute réponse. — Dame! pas trop; l'argent rentre si difficilement! — Ne pourriez-vous me remettre, sous deux fois vingt-quatre heures, une quarantaine de mille francs? — Hum! c'est fort; mais enfin on verra : cela dépend des intérêts et des sûretés. — Je paierai ce que vous exigerez; quant à la garantie, n'avez-vous point sur cet hôtel, qui m'appartient, une hypothèque de soixante-dix mille francs, que vous avez exigée, et sur lesquels vous ne m'en avez encore avancé que trente mille? — C'est juste! afin de me mettre en sûreté contre les entreprises de vos autres créanciers. Eh bien, demain, je puis vous compter la somme que vous me demandez, moyennant que j'en emprunterai moi-même les trois quarts à un Juif, un usurier de mon quartier; mais comme le gaillard ne veut aussi prêter qu'à bon escient, vous allez, par devant notaire, me signer l'acte de vente de votre hôtel, en cas de non-paiement à l'échéance. — Quoi! un immeuble de cent vingt mille francs en échange d'un prêt de soixante-dix mille, y pensez-vous? — Si vous êtes certain de faire honneur à votre signature, quel risque courez-vous? — C'est juste! répliqua Alexis, l'affaire est décidée, à demain donc l'argent. — Rien ne s'y oppose, du moment que vous acceptez les conditions, et que vous êtes bien et dûment autorisé par votre femme. — Je suis en règle, et du côté d'Alice vous n'avez rien à craindre. — Alors, courrons donc chez votre notaire, car le temps presse si vous tenez à toucher demain sans plus de retard, répondit la mère Rabouleau en prenant les devants.

Tandis que les choses se passaient ainsi chez Melville, sachons ce qu'était devenue Alice, après que son mari et Régina l'eurent abandonnée évanouie sur le parquet de sa chambre. Ce ne fut que plus d'une heure après que la jeune femme reprit ses sens et qu'en se sentant dans les bras d'une personne, elle demanda d'une voix faible et plaintive qui lui prodiguait des soins :

— C'est moi, madame, la femme du concierge de l'hôtel que madame Dartenay a envoyée vers vous pour secourir. — En effet, je vous reconnais; merci, madame, de vos bons secours... Dites-moi, sommes-nous seuls ici? — Oui, seules toutes deux. — Je me sens mieux, et vous pouvez vous retirer. — Si madame avait de nouveau besoin de mes services, elle n'aurait qu'à sonner, et j'accourrais aussitôt, dit la concierge en se retirant.

Demeurée seule et libre, afin de se livrer à sa douleur, à ses pénibles réflexions, Alice s'empressa d'abord d'aller verrouiller les deux portes qui donnaient accès chez elle, et vint ensuite se jeter et s'accouder tristement sur un siège.

— O mes deux mères! vous qui m'avez laissée seule sur la terre, mais qui, du haut des cieux, contemplez en ce moment votre malheureuse fille, venez à mon secours, sauvez-moi; inspirez à votre Alice ce qu'elle doit faire pour échapper aux méchants qui la torturent.

Ainsi, murmurait tout bas la jeune femme, les yeux baignés de larmes, les mains jointes et levées vers le ciel. Il faut, reprit-elle, quitter cette maison et aller demander refuge et asile à des gens bons et charitables, n'est-ce pas, mes bonnes mères? Et si l'on me repousse, si la pauvre aveugle n'inspire nulle pitié, eh bien! mourir pour vous rejoindre plus vite... Mon Dieu! mais sans guide, privée de la lumière des cieux, comment me diriger? à qui demander aide et protection?... Oui, c'est chez elle qu'il faut aller, chez elle, qui m'a toujours aimée. Mais Etienne y sera, et la calomnie... Oh n'importe, lui aussi me défendra, me dérobera aux recherches de mon affreux mari et de cette méchante femme... Hélas! pourvu encore que je puisse parvenir jusqu'à eux sans me perdre! Mais non, Dieu sera avec moi; il me donnera un guide dans mon malheur! si pourtant ma voix n'éveille aucune pitié, je ne puis rester sans asile, perdue dans les rues. Eh bien oui! mieux vaut ce malheur, cet abandon, que de rester davantage en la puissance de ces méchants qui me tueraient pour obtenir de moi cette fortune qu'ils me demandent et que je ne possède pas.

Cette détermination prise, Alice attendit le soir pour la mettre à exécution.

Entendant sonner la sixième heure du soir, et sachant qu'à cette heure en hiver il fait nuit depuis longtemps, notre jeune femme s'armant de courage, et n'entendant aucun bruit dans l'hôtel, sachant son mari et Régina absents, enfin, jugeant le moment propice, Alice donc, couvrit sa tête d'un chapeau, ses épaules d'un manteau couleur sombre, et sortit de la chambre, gagna l'escalier, la cour, où, à tâtons, elle erra quelques temps, palpitante et inquiète, avant d'atteindre la grand-porte cochère, puis, la trouvant fermée, notre jeune femme, qui n'avait pas prévu cet incident, fut saisie d'inquiétude et d'effroi : mais après avoir réfléchi un instant, et s'armant d'un nouveau courage :

— Le cordon! fit-elle en déguisant et grossissant sa voix. Aussitôt la porte s'ouvrit, la jeune femme s'élança dans la rue et s'éloigna le plus vivement possible en longeant les murailles, les rares boutiques distancées dans cette rue peu fréquentée le soir, et en atteignit l'extrémité sans accident.

Alice venait donc d'entrer dans la rue de Clichy qui au sortir de celle de Londres, s'étend à droite et à gauche; mais de quel côté fallait-il tourner? c'est ce qu'ignorait la jeune aveugle; aussi, se décida-t-elle d'attendre pour se renseigner au premier passant venu. Des pas vifs se font entendre et s'approchent.

— Pardon de la liberté que je prends, mais veuillez être assez obligeant, qui que vous soyez, pour prendre mon infirmité en pitié, et vouloir bien me guider jusqu'à la première voiture de place venue, dit, d'une voix douce et suppliante, Alice, à celui que le hasard lui envoyait, et qui n'était autre qu'un jeune et joyeux étudiant en droit, qui, la pipe à la bouche, descendait gaiement de la barrière de Clichy, après avoir fait un copieux déjeuner dînatoire chez le père Lathuile, restaurateur en vogue des Batignolles.

— Comment donc, mademoiselle, mais de tout mon cœur! répondit l'étudiant en s'emparant du bras d'Alice, mais non sans s'être auparavant assuré qu'elle était jeune et jolie. — Où voulez-vous aller, ma belle demoiselle? car si je puis vous conduire, la voiture devient tout-à-fait inutile, et son absence me procurerait, en vous offrant mon bras, le plaisir de causer avec vous? — Je suis mariée, monsieur, répondit Alice, espérant que le titre de femme serait pour elle un porte-respect. — En vérité, si jeune! ah! c'est dommage! — Monsieur, je désire aller au marché du Temple, chez madame Rabouleau; mais ne voulant pas abuser de votre complaisance, ni vous déranger de votre chemin, soyez assez bon seulement pour me mettre en voiture. — Avec plaisir, madame, puisque telle est votre volonté... Savez-vous, mademoiselle... madame, veux-je dire, que vous êtes charmante, adorable, et que votre mari est un heureux mortel? Fichtre! si, comme lui, je possédais une petite femme aussi mignonne et aussi gentille, je ne m'aviserais, certes, pas de la laisser courir seule, la rue le soir, surtout affligée comme vous l'êtes, de cécité, disait le jeune homme en marchant. — Mon mari est absent, monsieur, et l'inquiétude que me cause une parente tombée malade subitement, le désir de lui porter du secours et des consolations m'on fait entreprendre, ce soir, la démarche imprudente qui me fait réclamer votre protection.

Et en parlant ainsi, Alice demandait à Dieu pardon de ce mensonge.

— Combien je m'estimerais heureux, madame, si, étant redevable de votre connaissance au hasard, vous me permettiez de la cultiver, et de devenir votre guide en toute circonstance. — Merci, monsieur, de cette offre généreuse que je ne puis accepter, n'étant pas maîtresse de mes volontés. Mais ne se présente-t-il donc aucune voiture? interrogea la jeune femme, qui, depuis un quart d'heure déjà, marchait au bras de l'étudiant, dont la galanterie commençait à l'inquiéter. — Aucune encore qui soit libre. Marchons toujours; on est si bien en causant avec vous. — Pardon, monsieur, mais je suis faible, très souffrante, et je ne pourrais marcher plus longtemps. — Cela suffit, madame... Ah! en voici une enfin... Cocher, arrête, mon bonhomme... On va lui indiquer le Temple, mais c'est à l'heure, ni pas et aux Champs-Elysées qu'il faut marcher. — Suffit, bourgeois, montez. — Tu entends, cocher : Marche du Temple, cour de la Corderie. — Quoi, monsieur, vous êtes monté avec moi! dit Alice, effrayée en sentant le jeune homme s'asseoir à ses côtés. — Oui, madame, voulant remplir mon devoir de galant homme jusqu'au bout, en veillant sur vous jusqu'à ce que vous soyez arrivée à destination. — Mon Dieu! mais cela vous dérange, répliqua Alice, rien moins que tranquille, et n'osant en dire davantage. — Quand cela serait? le bonheur de vous rendre service, madame, est une assez douce récompense... Vous habitez la chaussée d'Antin, madame? — Oui, monsieur. — Il n'y a que ce quartier pour y rencontrer des femmes charmantes... En vérité, madame, plus je vous regarde, plus je vous trouve admirable. Décidément, ne me refusez pas plus longtemps l'espoir de faire votre connaissance ; il me serait si doux de vous faire ma cour ! — Monsieur, cessez ce langage, je vous prie, fit Alice en retirant sa main dont l'étudiant cherchait à s'emparer. — Comment vous êtes sauvage à ce point ! Quel enfantillage ! surtout chez une femme mariée... Allons, ne tremblez pas ainsi ; je suis un bon enfant, incapable de brusquer une belle, mais attendant tout de sa bienveillance; or, sans crainte, laissez-moi donc vous dire que vous êtes jolie à ravir, que je remarque en votre personne une foule de perfections, et que je me croirais l'égal des dieux, si je possédais une maîtresse telle que vous. — Monsieur, je ne puis et ne veux être la maîtresse de qui que ce soit. Maintenant, faites donc que vos paroles vous méritent mon estime, et non le regret de vous avoir demandé un service et accordé une confiance que tout homme honnête se ferait un devoir de légitimer.

En ce moment, et comme disait Alice, le fiacre entrait dans les Champs-Elysées, d'où la nuit, l'heure et le froid avaient chassé tout promeneur ; ce fut alors que, encouragé prr l'obscurité et la solitude, l'étudiant s'empressa d'enlacer de son bras la taille d'Alice, d'étouffer par un baiser pris sur ses lèvres, le cri que lui arrachaient la frayeur et la surprise de cette brusque attaque.

— Oh ! il n'y a pas à s'en défendre, chère belle ! il me faut votre cœur, votre amour ! car c'est du feu que votre suave haleine vient de communiquer à tout mon être, un feu dévorant que peut seul éteindre votre précieuse possession. — Oh ! pitié, monsieur ! n'abusez point de mon malheur, de ma position ! laissez-moi quitter cette voiture, et ne me forcez pas, par une plus longue violence, par de nouvelles insultes, d'implorer contre vous le secours des passants, disait Alice en opposant ses faibles efforts aux entreprises galantes de l'étudiant, lequel, ne tenant aucun compte du désespoir de la jeune femme, ne continuait pas moins son manège libertin, lorsque, poussée au désespoir, éperdue, Alice brisa d'un coup de main la glace de la portière en poussant le cri : au secours.

Au bruit qu'a fait le verre en se brisant, aux cris poussés par la jeune femme, le cocher arrêta ses chevaux, au même instant s'ouvrit la portière du fiacre, et deux hommes vêtus de blouses se présentèrent sur le marchepied en s'écriant :

— Que se passe-t-il ici ? qui appelle du secours ? — Qui que vous soyez, secourez-moi ! délivrez-moi des insultes d'un homme sans honneur, s'écria Alice, pour ensuite s'élancer de la voiture, et tomber dans les bras de deux étrangers qui la reçoivent et l'emportent dans une contre-allée, tandis que l'étudiant, peu désireux d'attendre une explication dont le résultat pouvait lui être peu favorable, se laissait glisser de la voiture pour prendre sa course et aller se perdre dans l'obscurité des quinconces. — Voyons ! de quoi s'agit-il, ma belle dame? parlez-nous sans crainte ; nous sommes de bons enfants tout disposés à prendre votre défense, dit l'un des deux hommes, celui qui soutenait dans ses bras Alice défaillante et prête à s'évanouir. — Dans cette voiture, un homme que je ne connais pas, auquel j'avais demandé protection, et de guider mes pas quelques instants, a osé, abusant de mon infirmité, me tromper, me détourner mon chemin et m'insulter de la manière la plus infâme. De grâce, vous êtes bon et charitable, comme tout semble me l'annoncer, délivrez-moi, monsieur, de ce méchant homme, et rendez-moi la vie en daignant me prendre sous votre protection. — Soyez sans inquiétude, ma petite mère, et puisque vous êtes aveugle, nous mettons, mon camarade et moi, nos quatre yeux à votre service.

— Tout cela est bel et bon , mais qui va me payer ma course et la glace qu'a cassé c'te dame? s'en vint dire le cocher. — Parbleu ! le lapin qui est dans la voiture, et surtout conseille-lui de se dépêcher s'il ne préfère s'expliquer avec nous. — Fort bien ! mais comme ledit paroissien n'a pas attendu son reste pour jouer des jambes, je ne connais plus que la bourgeoise que voici pour me payer, et plus vite que ça, encore. — Fort bien, monsieur, ceci est le seul argent que je possède sur moi, dit Alice en présentant deux pièces de cinq francs au cocher. — Merci, bourgeoise ! Maintenant tout à votre service, s'il vous plaît de retourner ousque j' vous avons prise. — Non, pas là, mais au Temple, cour de la Corderie, où je veux aller, dit Alice. — Du tout pas dans la brouette, vilain merle ; car à mon avis, tu t'entendais pas mal avec le particulier de tout à l'heure. T'es payé, n'est-ce pas, assez généreusement même? file donc au plus vite, et qu'on ne te revoie plus... Quant à vous, petite dame, soyez calme; à deux pas d'ici, nous allons trouver dix fois plus de sapins qu'il n'en faudrait pour la noce du marquis de Carabas.

Le cocher, ainsi rebuté, s'éloigna donc en maugréant ; remonté sur son siège, il fouetta ses chevaux et partit au galop, laissant Alice sous la garde des deux inconnus.

— Allons, donnez-nous le bras, petite dame, et gagnons la première place de fiacres que nous allons trouver au rond-point... Ah ça ! c'est donc décidément au Temple que vous voulez qu'on vous mène ? — Oui, messieurs, chez mes amis. Mais hâtons-nous, de grâce ! — On y va, prenez patience ! répliqua l'un des deux hommes, tout en entraînant Alice non sur la chaussée, mais sous les arbres, vers l'endroit le plus obscur et le plus désert. — Oh ! comme je souffre à la main, soupira Alice. — Fichtre ! j'crois bien ! vous vous êtes blessée en cassant ce carreau, et votre sang coule à flots, dit un de nos hommes, après avoir examiné la main ensanglantée où se voyait une large blessure. — Eh bien, ça y est-y ? murmura l'autre homme. — Ça y est! fit l'autre. — Alors houp! et habile!

A ces mots, un mouchoir est aussitôt placé sur la bouche d'Alice, et serré avec force, de manière à étouffer ses cris, puis des mains infâmes, impitoyables, s'empressent de lui arracher les diamants qui brillent à ses oreilles, les bagues de prix qui ornent ses doigts. Alice éperdue, suffoquée, perd connaissance et tombe sur la terre humide, où les deux voleurs continuent de la dépouiller, pour s'éloigner ensuite avec leur butin, laissant l'infortunée jeune femme étendue sur le sol, presque nue et sans mouvement.

XIII — L'HOSPICE

— Qu'est-elle devenue? Depuis huit jours aucune nouvelle, et toutes recherches inutiles ! Se serait-elle tuée, mon Dieu ! aurais-je encore cette indignité à me reprocher?

Ainsi disait Melville, seul chez lui, Melville, pâle et en proie à une vive émotion, tout en marchant à grands pas dans sa chambre. Partie, partie seule ! la nuit, sans guide! Il faut que son désespoir ait été bien grand ! Pauvre femme! je lui ai tant prodigué d'insultes et d'outrages, et cela pour une Régina, pour une lorette infâme! Ainsi tout m'abandonne, femme, maîtresse, fortune, je perds tout, tout à la fois! Odieuse Régina ! horrible passion du jeu! combien vous m'êtes funestes! Et disant ainsi avec rage et douleur, Alexis se laissait tomber sur un siège, en portant la main à ses yeux pour essuyer une larme. Je pleure! Moi, pleurer ! mais alors je ne suis donc pas entièrement corrompu! Non, non! car je le sens là, dans ce cœur que je croyais fermé à tout sentiment humain, le repentir qui me torture, la voix de Dieu qui me reproche mes crimes... Alice ! pauvre enfant! toi, si douce, si patiente, qui m'aurais aimé et pardonné peut-être ! Où es-tu ? existes-tu encore? Le ciel te rendra-t-il à mes vœux, afin que je puisse réparer envers toi tous mes torts. Mon Dieu ! si mon repentir pouvait trouver grâce à vos yeux, si le désir sincère de réparer un coupable passé pouvait me mériter votre miséricorde, vo-esprit me guide dans les nouvelles démarches que je vais entreprendre; faites, Dieu puissant, que je retrouve Alice, si elle existe encore.

Ainsi priait Melville avec ferveur, lorsque le souvenir d'Etienne et de la mère Rabouleau revint à sa pensée et le faire réfléchir qu'Alice pourrait bien avoir été chercher un refuge chez ces bonnes gens, les seuls qu'elle connût à Paris. A peine cette pensée fut-elle achevée, que déjà Alexis était debout, qu'il prenait son chapeau pour sortir et se diriger vivement vers le quartier du Temple, qu'il atteignit en fort peu de temps, pour se présenter chez la mère Rabouleau, qu'il trouva seule et au milieu de son magasin.

— Comment, vous ici, chez moi, Monsieur? fit la marchande avec surprise. Tenez, avant que vous ne m'ayez rien dit, je gage deviner le motif qui vous amène chez moi; je gage qu'il s'agit d'un nouveau prêt d'argent... Ma foi ! j'en serais fâchée, mon cher Monsieur, car il n'y a plus d'argent ici pour vous tant que vous ne m'aurez pas rendu, à échéance, bien entendu, celui que je vous ai prêté. Eh bien, quoi ? vous paraissez tout consterné ! vous serait-il arrivé malheur?... Je devine encore : vous aurez perdu au jeu l'argent que je vous ai compté dernièrement. — Assez de sottes suppositions, madame, et hâtez-vous de calmer, s'il se peut, mon impatience, en m'apprenant ce qu'est devenue ma femme, disparue de chez moi depuis huit jours.

— Hein! que dites-vous? Alice disparue, perdue, et cela depuis huit jours ! impossible ! impossible ! ou alors c'est vous qui l'avez tuée, vous qui la détestiez, vous qui, après avoir gaspillé, joué sa dot, avez voulu vous défaire de celle dont vous n'aviez plus rien à espérer ! s'écria la mère Rabouleau, effrayée et hors d'elle, en fixant un regard terrible et scrutateur sur Alexis, à qui cette terrible accusation venait de faire monter la rougeur au front. — Quel horrible soupçon ! fit-il, épouvanté. — Qui donc accuserais-je, si ce n'est l'homme qui fut implacable pour une pauvre enfant sans force ni défense? qui, sans pitié pour ses vertus, sa douceur, sa résignation, s'est fait froidement son bourreau pour complaire à une infâme et méprisable catin ?... Oui, oui ! je le répète, Monsieur, si Alice est morte, c'est vous et votre maîtresse qui l'avez assassinée ! vous que j'accuserai en présence des hommes et de la justice. — Malheureuse ! me soupçonner d'un tel crime, lorsque, désespéré et repentant, j'accourais près de vous, dans l'espoir d'y retrouver ma femme, et de lui demander grâce d'un odieux passé ! dit Melville avec l'accent de la douleur et du reproche. — Et c'est huit jours après sa fuite prétendue, sa disparition, que vous venez me la demander ! A d'autres ! à d'autres, de semblables rengaines, homme aussi lâche que cruel... Réponds, infâme ! de quel supplice ta Régina et toi avez-vous fait mourir la pauvre femme ? Quelles sont les tortures que tous deux, cachés dans l'ombre de votre repaire, vous lui avez fait endurer ? Honte et malheur sur toi, Alexis Melville, malheur ; car, si d'ici à demain je n'ai revu Alice, je cours te dénoncer à la justice comme un infâme assassin !... — Au nom du ciel ! daignez m'entendre ! s'écria Alexis effrayé, en reculant devant la fureur et les accusations de la marchande. — Entendre tes mensonges, les impostures inventées, convenues entre toi et ta Régina, afin de nous donner le change et de faire croire à votre innocence ? non pas, sors d'ici, car tu me fais peur ! sors ! si mieux tu ne préfères que j'appelle, que j'assemble les passants par mes cris, pour te jeter ensuite devant eux l'ignominie à la face. Va-t-en ! va-t-en ! fit la Rabouleau d'un ton impérieux, en marchant vers Alexis, tout en lui montrant la porte du doigt, Alexis qui, intimidé et n'osant insister, s'éloigna d'un pas rapide.

A peine la marchande fut-elle seule, que deux ruisseaux de larmes s'échappèrent de ses yeux, que de ses lèvres sortirent de douloureuses et plaintives lamentations.

— Morte, morte ! car ils l'auront tuée, les scélérats ! s'écriait la bonne femme en sanglotant, lorsque Frigolette rentra. — Morte, tuée, qui donc ? s'informa vivement la jeune fille. — Alice ! mon enfant, la douce maîtresse, ma chère Frigolette. — Hélas ! qui donc l'a tuée ? qui donc est venu vous apprendre cet affreux malheur ? interrogea Frigolette d'une voix accentuée par le saisissement et la douleur. — Ce coquin de Melville, répliqua la Rabouleau, pour, ensuite, raconter à la jeune fille tout ce qui venait de se dire et de se passer entre elle et le mari d'Alice.

Les choses étaient à ce point, et Frigolette se disposait à prendre la parole, non pour défendre le mari, mais bien pour confirmer la mère Rabouleau dans ses soupçons, et, de concert avec elle, approuver l'accusation, lorsque de la rue se fit entendre la voix nazillarde d'un facteur appelant madame Rabouleau, afin de réclamer la somme de quinze centimes en échange d'une lettre qu'il apportait.

— Va voir, fifille, ce que c'est que ce chiffon de papier. Et Frigolette, d'après cet ordre, ayant fait en deux sauts l'allée et la venue, présenta la lettre à la marchande. — Lis-moi ça, fifille, car, vois-tu, les pleurs m'aveuglent, et je n'y vois goutte.

Sur cette invitation, Frigolette s'empressa de briser le cachet et de lire ce qui suit :

Hospice Baujon, ce 20 février.

« Madame,

» Une jeune femme, privée de la vue... »

— Privée de la vue ! ce doit être Alice ! s'écrie, palpitante, la mère Rabouleau en bondissant sur sa chaise. Lis vite ! fifille, lis vite !

Et Frigolette de reprendre :

« Privée de la vue, qu'on a apportée, il y a huit jours, à l'hospice, après l'avoir ramassée mourante, blessée et presque nue, le soir, dans les Champs-Elysées, n'a repris que depuis hier seulement sa connaissance, et assez de force pour prononcer votre nom et indiquer votre demeure. Cette jeune infortunée, qui paraît appartenir à une classe élevée, se réclame de vous, et vous appelle de tous ses vœux. Veuillez donc, au reçu de la présente, si cette jeune femme vous intéresse, vous rendre auprès d'elle. »

— Elle vit, ô bonheur ! Vite, Frigolette, donne-moi mon bonnet, mon châle ; prends le tien aussi, fifille ; tu vas venir avec moi, à l'hospice ! à l'hospice une femme qui a vingt mille francs de rente, quelle horreur ! disait la mère Rabouleau en se coiffant à la hâte. — C'est-à-dire qui en avait avant que son gueux de mari ne les lui croquât, observa tout haut Frigolette, en train aussi de se bichonner. — Hélas ! ce n'est que trop vrai, fifille ; j'oubliais, comme tu dis, que tout a été croqué ; mais, c'est égal, ce que j'ai, moi, vois-tu, eh bien ! ce sera autant pour elle que pour Étienne mon fils, qui, certes, ne trouvera pas à redire à ce partage. — Pour qui donc ces effets, ce manteau que vous apprêtez-là, bourgeoise ? — Pardine ! pour elle, cette chère enfant ! Ne marque-t-on pas dans cette lettre qu'on l'a ramenée toute nue ? — C'est juste, bourgeoise ; toute nue, sanglante et presque sans vie ; mais c'est affreux ! Comment cela lui est-il arrivé ? qui a pu l'entraîner aux Champs-Élysées à une telle heure ? — Tu le demandes, fifille ! Parbleu ! son gueux de mari et la Régina, bien sûr, afin de se débarrasser de la chère créature. — Oh non ! bourgeoise, je ne puis les croire scélérats à ce point ; et puis, ne savez-vous point qu'il y a brouille complète et à mort entre M. Melville et la Régina, qui l'a planté là en apprenant que la succession de la grand-mère était perdue, tournée au bleu. — Bah ! quand il s'agit de faire du mal, les méchants s'entendent et se rapprochent... Maintenant, prends ce paquet, fifille, moi celui-ci, et filons raide, car je meurs d'impatience.

Elles partent ; une voiture les reçoit ; cent sous pour le cocher s'il brûle le pavé : la voiture va comme le vent. Elles arrivent, s'informent ; une sœur les introduit.

Une grande salle, et sur l'un des lits qui la garnissent, Alice pâle, amaigrie, méconnaissable et assoupie.

— Pauvre petite ! est-elle changée !... Comme elle a dû souffrir ! disait la mère Rabouleau en fixant sur Alice un regard de compassion. — Voyez donc, bourgeoise, sa main est enveloppée de linge sanglant. — Ne craignez rien, ce n'est qu'une légère blessure causée par un éclat de verre, dit la religieuse, qui, déjà instruite par Alice des événements qui lui étaient arrivés, et fit part aux deux visiteuses, en ajoutant que d'honnêtes ouvriers se rendant à leur travail et traversant les Champs-Elysées à la petite pointe du jour, avaient aperçu Alice étendue sur la terre, sans connaissance et souillée de sang, qu'ils s'étaient empressés de la ramasser, pour la porter au cabaret le plus proche, où ils lui avaient prodigué les soins les plus empressés, mais que ne la voyant pas reprendre connaissance, ces braves gens s'étaient décidés à l'apporter à l'hospice, où, en dépit de tous secours de l'art, la jeune femme était restée sept jours entiers sans donner signe de vie.

Tandis que parlait ainsi la religieuse, Alice s'était plusieurs fois agitée sur son lit, signes précurseurs d'un prochain réveil qui ne se fit pas attendre, car la jeune femme, d'une voix faible, s'informa de ceux qui étaient à son chevet.

— C'est moi, bonne dame, votre vieille mère et amie Rabouleau, répondit aussitôt cette dernière en embrassant la malade. — Et puis moi aussi, Frigolette, qui vous aime bien, dit à son tour la jeune fille. — Oh ! soyez les bienvenues, car je suis heureuse de vous voir, répondit Alice en rendant caresses pour caresses. Ah ! mes amies ! si vous saviez combien j'ai souffert, et que les hommes sont méchants ! — Nous savons, la bonne sœur vous a tout raconté. Et dire que je ne me doutais de rien ! Pauvre enfant ! cher petit chérubin !

Et disant ainsi, la mère Rabouleau baisait la main d'Alice.

Notre marchande voulait à l'instant même emmener la jeune femme ; mais la sœur s'y opposa, assurant qu'Alice était encore trop faible pour supporter la voiture.

Forcée de se rendre, la mère Rabouleau s'empressa donc de faire transporter Alice dans la plus belle et la meilleure chambre de l'hospice, dont elle récompensa les employés et servantes en leur distribuant à poignée tout l'argent qu'elle avait apporté.

Il fut donc convenu que Frigolette reprendrait ses fonctions de femme de chambre, ne quitterait plus Alice, et que la mère Rabouleau viendrait tous les jours la visiter.

XIV — QUATRE MOIS PLUS TARD

Deux magnifiques chevaux gris-pommelés, vifs et fringants, allaient au pas, traînant dans les Champs-Élysées, et sur la brune, un équipage à la riche livrée, dans laquelle se pavanait, avec coquetterie et nonchalance, une femme élégante et voilée.

Ladite voiture longeait lentement le trottoir de la contre-allée, où allaient, venaient, s'agitaient une foule de promeneurs, attirés, à cette heure, en ce lieu, par la douceur et la pureté d'une belle soirée printannière, lorsque, sur l'ordre de la dame en voiture, un des valets sauta à terre pour courir après un jeune monsieur que lui avait indiqué sa maîtresse, et le prier, de la part de cette dernière, de vouloir bien venir lui parler.

— Quelle est votre maîtresse? comment s'appelle-t-elle? demanda le monsieur en toisant le valet de la tête aux pieds.
— Madame de Saint-Evremont, répondit ce dernier. — Marchez, je vous suis.

Arrivé près de l'équipage, la dame qui l'occupait lui fit signe de monter, et le jeune monsieur, cédant à cette invitation, faite de la meilleure grâce, s'élança sur le marchepied, et en un clin d'œil fut à côté de la dame.

— Melville, reconnaissez-moi, fit la dame, aussitôt que le valet eut refermé la portière, et en levant son voile. — Vous! misérable créature? s'écria Melville avec autant de surprise que de dégoût en reconnaissant Régina. — L'épithète n'est ni des plus honorables, ni des plus galantes, messire; mais je suis bonne fille, et je vous le pardonne, répliqua en riant Régina. — Que voulez-vous de moi? pourquoi m'avoir arrêté? — Idée de femme que poignardait la curiosité; enfin, pour savoir ce que vous êtes devenu, ce que vous avez fait depuis notre rupture, et les quatre mois qui viennent de se passer sans que j'eusse entendu parler de vous le moins du monde. — Vous désirez savoir? écoutez donc, reprit sèchement Alexis: D'abord, je me suis appliqué à vous oublier, et j'y ai si bien réussi, que votre présence en ce moment, loin de me flatter et d'éveiller en moi un doux souvenir, ne fait au contraire que de m'irriter et de m'affliger. — Parfait! de mieux en mieux, mon bon! Seriez-vous, par hasard, devenu bourru et misanthrope? fit gaiement Régina. — Franchement, ma très-chère, puisque nous en sommes aux tendres dénominations, que pouvez-vous espérer de bienveillance de la part d'un homme dont vous n'avez fait qu'exploiter l'amour et la faiblesse, de la part de l'être assez sot pour avoir cru un instant que vous aviez un cœur, une âme, quelque chose d'humain enfin, qui, dans vous, fût capable de reconnaissance et d'amitié. Régina, à vous désormais mon mépris et ma haine, pour m'avoir rendu aussi cruel, aussi implacable que vous; Régina, à vous ma malédiction, non pour m'avoir trahi, dupé, abandonné lâchement lorsque la fortune m'échappait, mais parce que je vous suis redevable de la perte d'une femme estimable, que ma cruauté, excitée par vos perfides conseils, a poussée au désespoir, forcée de fuir et d'aller loin de son bourreau chercher une mort douloureuse. — Bah! vraiment votre femme serait morte? fit Régina en fixant attentivement Melville. — Telle est ma crainte, puisque depuis quatre mois toutes mes recherches pour la retrouver ont été infructueuses. — Morte! oui, peut-être; et cependant, j'augure mieux de la philosophie de cette petite, qui, avide de repos et de consolation, aura préféré trouver l'un et l'autre dans le sein d'un amant, de préférence à celui des ondes..... Croyez-moi, mon très-bon, si l'idée ne vous en est encore venue, allez au plus vite, si tel est votre grand et vertueux désir, réclamer votre femme à monsieur Étienne Rabouleau, dit Régina avec ironie et dépit. — Guidé par le soupçon, telle a été ma première démarche; mais ni la mère, ni le fils n'avaient vu Alice. — Et moi, je soutiens que si votre femme existe encore, ce que je ne puis mettre en doute, si elle n'est pas chez les Rabouleau, ces gens connaissent du moins le lieu où elle a pu se retirer. Melville, croyez-moi, suivez-les pas, épiez les démarches d'Étienne et de sa mère, même celle de certain sournois qui se nom Flandin, l'un ou l'autre vous conduiront, sans s'en douter, à l'asile secret où votre femme se livre en cachette au doux bonheur de roucouler dans les bras de son amant. — Si c'était vrai! s'écria Alexis avec colère et en serrant les poings. — Cela est, croyez-moi; car vous n'avez pas oublié que ces deux innocents s'adorent, tendre sentiment qui ne peut avoir manqué de les réunir dans l'adversité, en dépit de votre titre et de vos droits d'époux et maître. — Et de la ridicule passion dont vous eûtes, à votre tour, la faiblesse de vous éprendre en faveur de monsieur Étienne Rabouleau, ne vous en déplaise, caprice que je soupçonne mal éteint, quoique ce luxe qui vous environne, ces laquais, ce riche équipage, me révèlent en vous la nouvelle maîtresse d'un riche et puissant seigneur. — Vous avez deviné, mon bon; j'appartiens en ce moment au boyard le plus magnifique, le plus généreux, comme le plus amoureux des princes russes, passés, présents et futurs. — Qui, au poids de l'or, s'empresse de payer vos caresses menteuses, et, comme moi, sera jeté au rebut le jour où sa bourse, épuisée par vos exigences et ses largesses, cessera de satisfaire votre cupidité, n'est-ce pas, Régina? — Alors, c'est un bail à vie que vous m'imposez-là, très-bon; les coffres de mon cosaque étant inépuisables, ce cher Kalmouk ayant le malheur d'avoir le bonheur d'être seigneur et maître de je ne sais combien de châteaux, de villages, de terres et de milliers d'esclaves qu'il peut bâtonner et rouer à sa guise...... A propos! et vos finances, où en sont-elles, mon très-cher? — Au point où la tendresse de Régina, le jeu et l'usure de la Rabouleau les ont réduites, c'est-à-dire à néant, répliqua sèchement Alexis. — Melville, j'avoue ici mon faible, j'aime à exploiter mes amants quand la fortune leur sourit; car mon axiome, à moi, est: qu'entre deux cœurs qui s'aiment tout doit être commun; mais lorsque le malheur le frappe...... — Vous fuyez, interrompit vivement Alexis. — Non, si je le plains, et si je l'estime tout en ne les aimant plus d'amour, je viens à leur aide: prenez donc ceci, mon bon, dit Régina en présentant à Melville une bourse pleine d'or. — Est-ce une restitution? demanda froidement le jeune homme en regardant avec dédain la bourse. — Non pas, car je ne restitue jamais les dons de l'amour; mais un bienfait, un secours, si mieux vous aimez. — Alors, garde ton or, lorette; car le temps n'est plus où Alexis, devenu vil et lâche, ayant rompu avec toute pudeur et dignité, accepterait sans rougir le partage d'un honteux salaire. Maintenant, adieu donc, car tout est dit entre nous.

Melville qui, tout en prononçant ces paroles, avait passé son bras en dehors de la portière, ouvrit cette dernière, et sauta lestement à terre pour s'éloigner rapidement.

Son hôtel et son riche mobilier ayant été saisis et vendus par autorité de justice, et d'après les ordres et la volonté de la mère Rabouleau, ce fut dans son nouveau et modeste domicile, situé au quatrième étage d'une maison de la rue Richer, qu'Alexis dirigea ses pas, où il rentra, inquiet et soucieux, pour y passer une nuit sans sommeil.

Voulant suivre les conseils de Régina, Melville, le lendemain, se leva et sortit de grand matin pour aller se mettre en embuscade dans un café situé en face la demeure de la marchande du Temple, décidé qu'il était à suivre cette femme et son fils en tous lieux où ils porteraient leurs pas. Une longue attente et huit heures sonnaient à la paroisse Sainte-Élisabeth, lorsque notre guetteur reconnut Étienne qui sortait de chez sa mère, Étienne qu'il se mit à suivre et accompagna de loin dans ses nombreuses excursions à travers Paris, ayant soin de prendre en note chaque maison où entrait le fils de la marchande, afin de pouvoir, le lendemain, y venir puiser des informations.

Ce manège durait depuis quatre jours, durant lesquels Melville n'avait cessé d'épier et de suivre la mère Rabouleau ou Étienne, fatigué, découragé, Alexis commençait à perdre tout espoir, n'ayant jusqu'alors rien aperçu ni rien découvert dans les démarches de la mère et du fils qui eût quelque rapport à ce qu'il désirait savoir. Mieux encore, c'est que, au moyen de quelque argent adroitement distribué dans le voisinage de la marchande, notre mari avait pu se convaincre qu'Alice n'habitait pas et n'avait jamais habité la demeure des Rabouleau. Ce silence effrayait Alexis, la pensée que sa femme pouvait ne plus exister, et qu'il aurait cette mort à se reprocher, était pour lui un horrible supplice qu'il suppliait le ciel d'abréger, dût-il retrouver Alice inexorable, froide et cruelle devant son repentir.

— Essayons, essayons encore, se disait le jeune homme, le cinquième jour, en se dirigeant de nouveau vers le Temple, où, à peine fut-il arrivé et tapi dans son coin habituel, ou, pour mieux dire, derrière le vitrage du café borgne, qu'il aperçut Étienne et Flandin se tenant bras dessus bras dessous, sortir de la maison, pour en causant ensemble avec animation. Aussitôt Alexis s'empressa de suivre de loin les deux jeunes gens, qui descendaient les boulevarts depuis quelques instants, et, ayant atteint la porte Saint-Denis, s'arrêtèrent brusquement, mais sans pour cela cesser leur entretien.

Ce fut alors que Melville, curieux de saisir quelques mots de leur conversation, se glissa adroitement le plus près possible des deux causeurs arrêtés sur le bord de la chaussée, et là, caché derrière une colonne, tendit l'oreille pour saisir ces paroles :

— Dites-lui, cher Flandin, que ne plus la voir serait pour moi le désespoir et la mort ; enfin, que je ne me sens pas la force de lui obéir. Allez donc, et plaidez bien ma cause auprès de cette inhumaine ; surtout, ami, n'allez pas oublier que j'attendrai ce soir votre retour avec une impatience dévorante. — Comptez sur moi, mon cher ami, comme je compte sur vous pour me servir de même chaudement auprès de ce petit démon qui, ne voulant jamais rien prendre au sérieux, se rit sans cesse de mon amour.

Ainsi venait de répondre Flandin à Etienne, dont il se sépara après que tous les deux se furent pressé la main avec aménité.

D'après ce qu'il venait d'entendre, ce fut aux pas de Zéphyrin que s'attacha Melville, Flandin, qui tout en se promenant, flânant et chantonnant, continua les boulevards, gagna les Champs-Elysées qu'il longea jusqu'à la barrière de l'Etoile.

— Ah ça ! mais cet animal-là ne s'arrêtera donc jamais ? murmura Melville impatient, en voyant Flandin passer ladite barrière et gagner Neuilly, entrer dans le bois de Boulogne par la porte Maillot, et le suivre jusqu'au village de Saint-James, où, enfin, Flandin ayant atteint le but de ce long et pédestre voyage, s'arrêta devant la grille d'une jolie maison de campagne située au milieu d'un parterre de fleurs.

Au bruit de la sonnette que venait d'agiter Zéphyrin, accourut une légère jeune fille dans laquelle Melville, quoi-qu'il fût assez éloigné, reconnut tout de suite la femme de chambre d'Alice, c'est-à-dire Frigolette, qui, toute joyeuse, s'empressa d'ouvrir au visiteur pour l'introduire dans la maison, après, toutefois, avoir eu le soin de refermer derrière lui la grille à double tour.

— Plus de doute, elle est dans cette maison ; elle existe, et, débarrassé d'une crainte douloureuse, mon cœur peut enfin respirer en paix, dit Melville en passant et repassant devant la maison, dans l'espoir d'entrevoir Alice... Ah ça ! reprit-il en souriant, est-ce que par hasard je serais devenu sérieusement amoureux de ma femme ? de cette pauvre enfant, que depuis bientôt un an j'abreuve d'humiliation et de dédain ? de cette femme aux caresses de qui j'ai préféré celles d'une impudique lorette ? Eh bien, oui ! tant de douceur, de résignation, de noble désintéressement, l'emportent sur ma perversité !... Mais, est-ce mon cœur qui se repent sincèrement, ou bien serait-ce à la ruine, à l'isolement où me laisse l'abandon d'une ingrate maîtresse, que je suis redevable d'un pareil changement ?... Oui ! au repentir, à la honte ! car j'ai indignement trompé cette infortunée jeune fille, j'ai profité lâchement de son infirmité, de sa faiblesse pour la déshonorer ; je l'ai ravie inhumainement aux caresses de sa vieille mère ; j'ai dissipé sa fortune en la prodiguant à mon indigne maîtresse, en la risquant chaque nuit sur un tapis vert ; enfin ! à force d'infamie, de cruauté, j'ai porté tant de douleur, d'effroi, d'exaspération dans le cœur de cette douce et innocente fille, que folle, éperdue, elle a été contrainte de fuir le toit maudit de l'homme qui, au pied de l'autel, lui avait juré amour et protection... Hélas ! comment donc réparer tant de torts et d'infamie ? Quel sort puis-je désormais offrir à cette femme, en échange de la richesse que je lui ai ravie ? Mais, j'y pense ! cette demeure qu'elle habite ici annonce, sinon la fortune, du moins de l'aisance ; et pourtant Alice, en quittant l'hôtel, a dû fuir sans argent ; qui donc pourvoit à ses besoins ? La fortune, l'héritage de son aïeule, peut-être, qu'elle a su soustraire à ma cupidité ? S'il en était ainsi, que Dieu soit loué mille fois, et qu'il conserve à la pauvre enfant un bien que désormais je fais serment de respecter.

Ainsi pensait Melville après avoir été s'asseoir sur un tertre de gazon situé non loin de la maison où il avait vu entrer Flandin, et de laquelle il n'avait pas perdu la grille de vue.

Que faire ? Se présenter chez sa femme, et, d'après son droit, s'y établir en maître, Melville ne s'en sentait pas le courage ; ensuite, il se pouvait qu'Alice ne fût pas chez elle, mais bien sous le toit d'un être amical et hospitalier à qui celle-ci serait allé demander asile et protection. Cependant il lui faut sa femme, il la veut pour l'entraîner loin de ses amis, pour veiller à l'avenir sur elle, essayer de s'en faire aimer à force de soins et d'égards. Et, comme Melville pensait ainsi, il vit de loin s'ouvrir la grille de la maison, et en

sortir une espèce de jardinier ou de domestique qui laissa cette dernière entr'ouverte, pour diriger ses pas du côté de la rivière.

Le mari d'Alice laissa donc cet homme s'éloigner, et, l'ayant perdu de vue, il courut vers la maison, où, voyant le parterre désert, il s'introduisit vivement pour franchir un péristyle de cinq marches et pénétrer sous un vestibule où se voyaient plusieurs portes à travers l'une desquelles s'échappait le bruit de plusieurs voix dont dominait celle de Flandin. Melville, après s'être, en cas de surprise, assuré d'une cachette qui n'était autre que le dessous obscur d'un escalier tournant, s'approcha de la porte d'où s'entendaient les voix, et y colla une oreille attentive.

— Alice, faites entendre raison à cette petite entêtée, disait en ce moment Flandin, car je l'aime, voyez-vous, à l'adoration, mais elle ne veut rien croire.

— Voyons, Frigolette, répondez avec franchise : l'hommage que vous fait de son cœur ce cher cousin Flandin vous est-il agréable ? Enfin, dites-nous ce qu'il doit espérer en échange du cœur qu'il vous offre avec autant d'abandon que de franchise ? fit Alice d'une voix douce.

— Certes, il y a honneur pour une pauvre fille comme moi, de se savoir aimée et estimée d'un bon et brave jeune homme ; à qui sa fortune donne le droit de prétendre à beaucoup mieux qu'une simple ouvrière ; mais je l'ai répété cent fois déjà à cet entêté, qui feint de ne rien comprendre, que Frigolette, fille sage avant tout, ne voulait pour amoureux qu'un bon mari.

— Mais est-ce aussi ce mari qu'il t'offre en personne, n'est-ce pas, M. Flandin ? interrogea Alice. — Comme vous le dites, petite cousine ; un vrai mari, un pur mari ; non pas un perfide, un mauvais sujet comme cet infâme Melville, débauché, infidèle et joueur ; non pas encore pour vous ruiner, vous réduire à la misère, et vous forcer, ainsi qu'il a réduit la chère Alice, à chercher pitié et refuge dans la charité d'autrui ; mais bien un époux, revenu de ses rêves ambitieux, qui vous aime pour vous, et fait serment de vous rendre la femme la plus heureuse du monde. A présent, qu'en dites-vous, gentille Frigolette ? — Que s'il en est ainsi, monsieur Flandin, je consens à devenir votre femme, mais à la condition que vous ferez serment, auparavant, de ne jamais me séparer de madame, à qui je me voue désormais corps et âme, fit la jeune fille. — Accepté, je m'y engage et le jure de même, répliqua Flandin. — Oh ! que vous allez être heureux, soupira Alice avec envie et tristesse. — Espérez, chère cousine, que vous le deviendrez à votre tour, et que le diable vous débarrassera de votre bourreau d'époux ; — Et alors vous deviendrez madame Etienne Rabouleau, la femme d'un honnête homme qui, quoique vous soyez maintenant sans fortune, s'estimera mille fois heureux de vous posséder. — Tais-toi, Frigolette ; tais-toi ! fit Alice émue. — A propos, cousine, savez-vous que ce cher Etienne, exilé loin de vous, se meurt de douleur et d'ennui ? Ça, voyons, Alice, pourquoi ne pas le recevoir ? pourquoi lui interdire votre vue chérie, à lui qui vous aime tant, et qui n'ose se présenter ici sans votre permission ? — Parce que je ne m'appartiens plus, et que le devoir me défend d'écouter un langage dangereux à mon honneur et à mon repos. Ainsi, dites-lui, mon cousin, qu'il ne doit plus exister d'amour là où il n'y a plus d'espoir. Dites-lui que je ne dois désormais voir en lui qu'un ami bon et dévoué, et non plus un amant ; à cette condition, qu'il vienne, et je serai heureuse de lui tendre la main ; mais encore une fois, et quoi qu'il lui en coûte, plus d'amour, plus d'espoir, car plutôt la mort que de faillir jamais au serment que j'ai prononcé devant Dieu, et au pied de son saint autel, en devenant la femme de monsieur Melville. — Parbleu, cousine, vous êtes bien bonne d'être autant scrupuleuse envers un serment fait à un drôle comme cet Alexis, dit Flandin. — Cousin, les torts d'un mari ne peuvent dégager une femme honnête de ses serments de fidélité, répliqua vivement Alice avec dignité ; puis reprenant avec enjouement : Espérez-vous, cousin, en causant ainsi, me faire oublier la bonne promenade que vous m'avez fait espérer aujourd'hui au bois de Boulogne ? — Pas le moins du monde, car si vous le permettez, voici deux bras que je mets tout à votre service, répliqua Flandin en montrant le siège qu'il occupait.

D'après cette réponse galante, Alice et Frigolette s'empressèrent de mettre châle et chapeau, pour ensuite quitter la maison ; Alice au bras de Frigolette, et cette dernière à celui de Flandin, pour se diriger à pas lents vers la porte du bois, tous trois suivis de loin par Melville.

Il y avait une demi-heure au plus que Flandin et ses deux

compagnes parcouraient les avenues du bois, lorsqu'Alice manifesta le désir de se reposer sur l'herbe le temps que Flandin et Frigolette passeraient à lui cueillir un bouquet des champs qu'elle désirait avec ardeur. Ce vœu formé, la jeune aveugle fut assise sur le bord d'un fossé, dans une petite avenue couverte solitaire, puis Flandin et Frigolette se mirent aussitôt à l'ouvrage, cherchant les fleurs les plus belles et les plus fraîches pour en former le bouquet désiré, et cela, en courant de place en place, en s'éloignant étourdiment d'Alice, qui, restée seule, immobile, s'était laissée insensiblement tomber dans les tristes et douloureuses réflexions, d'Alice, que rappela brusquement à elle le frais toucher d'un bouquet qu'on lui plaçait sur ses genoux, et qu'elle s'empressa de saisir pour en respirer le parfum.

— Oh! qu'il sent bon! que ces fleurs doivent être belles!... Qui me les donne? Est-ce vous, cousin? — Oui, répondit Melville, qui, tout en parlant, s'emparait de la main d'Alice qui, croyant avoir affaire à Flandin, se releva et passa amicalement son bras sous celui de son mari, qui s'empressa de l'entraîner à travers les taillis. — Cousin, ne marchons pas aussi vite, je vous en prie... Frigolette, donne-moi ton bras, je le préfère à celui de ce fou qui, sans égard pour ma position, me mène un train de galop... Frigolette, tu ne me réponds pas?

Ainsi disait Alice sans obtenir de réponse, et emportée par Melville à travers les herbes et les bruyères, où s'embarrassaient ses pieds délicats.

— Au nom du ciel, Flandin, que signifie cette course rapide et votre silence? Qu'est-il arrivé? où me conduisez-vous? Frigolete, u'est-tu donc pas là! réponds, je t'en supplie !

Au même moment où Alice terminait ces dernières paroles, son nom se fit entendre au loin : c'étaient les voix de Flandin et de Frigolette qui l'appelaient.

— Mais on m'appelle! ce sont mes amis! Qui donc êtes-vous, vous qui m'entraînez et ne répondez pas? — Je suis votre mari, Alice, un mari repentant, qui, jaloux de réparer ses torts, vous ravit à ceux qui vous dérobaient à ses vœux et à ses recherches. — Hélas! que voulez-vous de moi, monsieur, et où me conduisez-vous? dit Alice plus morte que vive, et se soutenant à peine. — Dans ma demeure, qui est la vôtre, où votre devoir vous commande de me suivre.

— J'obéirai, monsieur; mais au moins, par pitié! laissez-moi sortir mes amis d'inquiétude, les rassurer sur mon sort. — Non, Alice, car ils voudraient peut-être vous ravir de nouveau à ma possession, m'empêcher d'accomplir la réparation de mes fautes... Alice, Alice, ayez confiance; ne tremblez pas ainsi, et augurez mieux de mes bonnes intentions, répliqua Melville en entourant de son bras la taille de sa femme, afin de l'aider à marcher.

Et tandis que le mari s'exprimait ainsi, au loin continuaient de se faire entendre la voix de Flandin et celle de Frigolette, appelant à grands cris la jeune aveugle.

Après avoir longtemps erré dans les massifs du bois, les deux époux atteignirent une grande route, où Melville, voyant Alice prête à s'évanouir, tant était violente l'émotion douloureuse à laquelle elle était en proie, la fit asseoir sur le bord d'un fossé et se plaça à ses côtés.

Ce fut alors qu'un profond gémissement s'échappa du sein de la jeune femme, et que deux ruisseaux de larmes brûlantes tombèrent de ses yeux.

— Oh! je comprends ce désespoir, que j'attribue à la crainte, au mépris que je vous inspire. En effet, l'homme infâme qui se fit votre violateur, afin de mieux s'assurer en vous de la proie qu'il convoitait, l'homme qui, délaissant votre époux, ne vous abreuva que de douleur, d'humiliation, et vous préféra une honteuse concubine, ne doit vous inspirer qu'horreur et méfiance. Oui, Alice, j'ai été pour vous le plus cruel comme le plus injuste des hommes; dépositaire de votre fortune, que l'honneur me commandait de respecter, je l'ai prodiguée à une lorette, qu'il a jouée, perdue; enfin, je vous ai ruinée. Aussi lâche qu'inhumain, lorsque mon titre d'époux me commandait de vous aimer, de vous protéger, d'être votre guide, d'essayer, à force de soins et d'amour, de mériter votre estime et votre pardon, je vous ai délaissée, poussée au désespoir, forcée, vous, un ange, de fuir le toit conjugal, d'aller implorer le secours d'autrui. Tels sont mes crimes, Alice; ils sont énormes, impardonnables; eh bien! mes regrets, mon repentir, sont plus grands encore; ils sont sincères et inspirés par Dieu, qui, prenant pitié de ma douleur aujourd'hui, m'a guidé vers vous, que je cherchais en tous lieux le désespoir dans l'âme, vous croyant perdue à jamais pour moi. Alice, chère Alice! ce n'est plus le vil intérêt qui me guide, ni l'espoir d'une fortune à venir; oh! non, car vous et moi ne possédons plus rien! mais je suis jeune encore, courageux, et le travail me venant en aide, me permettra de vous assurer l'aisance et le bonheur.

Ainsi parlait Melville d'un accent où perçaient l'émotion et le repentir, Melville, qu'Alice écoutait en silence.

— Eh quoi, pas un mot de réponse! pas même un signe qui me donne espoir et courage! reprit Alexis de l'accent du reproche.

Alors, faisant un pénible effort pour s'arracher à l'anéantissement douloureux dans lequel la plongeait le malheur.

— Vous êtes mon mari, Monsieur, dit-elle enfin, que votre repentir soit feint ou véritable, il n'importe le sort que vous me réservez, le devoir me commande de vous obéir et de vous suivre; je ne vous demanderai qu'une grâce, une seule, celle de tranquilliser sur mon sort l'excellente femme qui, après m'avoir arraché de l'hôpital, où l'on m'avait transportée ensanglantée et mourante, m'a prodigué tous les soins d'une tendre mère, qui m'a ramenée à la vie, et donné pour asile sa propre demeure des champs! — Le nom de cette femme, Alice? fit vivement Melville. — Madame Rabouleau. — Je m'en doutais! Soyez donc sans crainte, aujourd'hui même j'écrirai à cette dame afin de calmer son inquiétude. Maintenant, dites-moi si vous vous sentez assez de force pour vous remettre en marche et gagner la première porte du bois, où nous trouverons sans doute une voiture. — Je suis à vos ordres, Monsieur, répondit Alice en se levant péniblement.

Une demi-heure d'une marche lente que la faiblesse de la jeune femme forçait souvent d'interrompre, puis, ayant enfin atteint la porte Maillot, une voiture de place les prit pour les conduire à Paris au modeste domicile indiqué par Melville, qui, chez lui, s'empressa d'installer sa femme dans le meilleur fauteuil, et, s'étant assis près d'elle, lui exprima ainsi :

— Vous voici, Madame, dans l'asile momentané que vous offre votre époux : il se compose de deux pièces meublées confortablement; celle que vous choisirez sera la vôtre; elle sera sacrée pour moi, et je n'y entrerai qu'avec votre permission. Des affaires importantes, concernant notre sort à venir, doivent m'appeler souvent hors de ce logis; mais, pour que vous n'y restiez pas seule, je vais appeler auprès de vous, et mettre entièrement à votre service, la fille du concierge de cette maison, jeune enfant aussi douce que spirituelle, dont les soins, je pense, vous seront agréables.

Maintenant, Alice, confiance et courage; séchez ces larmes dont la vue m'afflige, et que votre bouche, que je crois pure de tout mensonge, me donne l'assurance que vous ne profiterez pas de mon absence pour vous échapper une seconde fois.

— Je vous le promets, Monsieur, répondit Alice toute frémissante, car Melville, avec douceur et tendresse, venait de s'emparer de sa main et de la porter à ses lèvres pour y déposer un baiser.

Maintenant, retournons au bois de Boulogne, pour y être témoin de la douleur et des tribulations de Flandin et de Frigolette.

— Pour Dieu! qu'est-elle devenue? Pourquoi a-t-elle quitté cette place! s'écriait Flandin impatient, tout en cherchant Alice dans le bois, un quart d'heure après que Melville l'eut emmenée. — Mais appelez donc encore, monsieur, vous qui avez la voix plus forte que moi, et qu'on peut mieux entendre, répliqua Frigolette désolée et toute en larmes. — Appeler, appeler! mais voilà une heure que je m'égosille vainement à crier, sans que personne ne me réponde. — Hélas! que va dire la mère Rabouleau? Comment lui apprendre ce malheur? reprit la jeune fille. — Cherchons, cherchons encore; peut-être se cache-t-elle, ou, ne voulant venir à nous, elle se sera perdue. — Mais alors elle ne pourrait être loin; elle nous entendrait. Mon Dieu! mon Dieu! quelqu'un l'aurait-il emmenée? — Allons, jolie Frigolette, ne vous désespérez pas ainsi, croyez-moi, car, il se pourrait qu'Alice s'en fût allée toute seule pour nous faire de la peine, oh! non, elle en est incapable. Il est plus présumable que quelque mauvais sujet l'aura rencontrée, et que, profitant de son infirmité, il l'aura emmenée pour la perdre dans ces bois et l'insulter peut-être, répondit Frigolette. — Alors, cherchons !

Et, sur ce conseil de Flandin, ils se mirent de nouveau en quête, s'informant auprès de chaque promeneur qu'ils rencontraient, lorsque l'un de ces derniers leur assura avoir vu, sur la route de Saint-Cloud, une jeune fille aveugle qu'un jeune homme conduisait.

Et, sans s'informer si c'était du côté de Paris ou de celui de Saint-Cloud que cette aveugle et son conducteur portaient leurs pas, nos deux fous partirent comme le vent, se dirigeant sur la route indiquée, dont leurs regards inquiets parcouraient l'étendue sans rien apercevoir.

— Que faire?

Et, tandis qu'ils s'interrogent de la sorte, un homme apparaît au loin. Frigolette court à lui, s'informe, et obtient pour réponse, que cet homme croit avoir aperçu, se dirigeant vers Saint-Cloud, deux personnes telles qu'on les lui dépeint.

Sur ce, nos deux jeunes gens de se diriger vers le lieu indiqué, c'est-à-dire la porte de Boulogne, où ils s'informent de nouveau à un paysan narquois, beau farceur de banlieue, lequel, trouvant plaisant de faire courir les gens, assure aux nôtres avoir vu ceux qu'ils cherchent monter dans la voiture de Saint-Cloud.

— Courons-y, propose aussitôt Frigolette; et, sur le consentement de Flandin, ils se mettent en route pour Saint-Cloud, où ils arrivent harassés, n'en pouvant plus, Saint-Cloud, dont ils parcourent les rues, le parc, cherchant, demandant, pour ne rien apprendre ni découvrir.

Le jour fuit et avec lui l'espoir de nos chercheurs désolés.

Que va dire la mère Rabouleau? comment lui apprendre ce malheur? Voilà ce qui désole Frigolette, que Flandin s'efforce vainement de consoler, en lui faisant espérer qu'ils retrouveront Alice à Saint-James, où il faut se rendre au plus vite, où une voiture, prise au pont et payée double, les reconduit en moins de trois quarts d'heure.

La maison de Saint-James, dont le jardinier vient leur ouvrir la grille avec empressement, où encore les accueille la mère Rabouleau, qui, arrivée de Paris dans la journée, et ne comprenant pas leur longue absence, attendait leur retour avec non moins d'inquiétude que d'impatience.

— Alice, Alice, où est-elle? s'écria la marchande, ne voyant pas la jeune femme avec Flandin et Frigolette.

Et ces derniers, trompés dans leur dernier espoir, de tout raconter à la bonne femme.

— Malheureux! vous l'aurez laissée enlever par son gueux de mari! s'écrie la marchande en pleurant. — Hélas! cela pourrait bien être, de soupirer Flandin, tandis que, le nez baissé, Frigolette pleurait à chaudes larmes. — Que faire? où ce malheureux Melville l'aura-t-il conduite, et quel sort ce scélérat réserve-t-il à la pauvre innocente? Frigolette, Frigolette, à toi la faute, vilaine fille, toi, à qui je l'avais confiée, toi, en qui j'avais placé toute ma confiance.

Et Frigolette, en écoutant ces reproches, de pleurer encore plus fort.

— Allons, allons! il ne s'agit pas de pleurnicher ainsi, mais bien d'aller tous ensemble parcourir et fouiller le bois, de prévenir les gardes, afin qu'ils nous aident dans nos recherches; car, à celui qui nous ramènera notre chère aveugle, je donnerai cent louis d'or et ma bénédiction par-dessus le marché.

A l'idée de se remettre en route, Flandin, horriblement fatigué, hoche la tête en faisant une grimace atroce, ce que voyant la mère Rabouleau:

— Libre à vous, monsieur Flandin, dit-elle, de vous goberger ici, tandis que nous mourrons d'inquiétude et de chagrin, mais comme je n'aime pas les mauvais cœurs, foi de femme Rabouleau, si vous ne venez pas avec nous, vous n'épouserez pas Frigolette, à qui je défendrai d'écouter plus longtemps vos sornettes.

A cette menace, Flandin se leva vivement du fauteuil sur lequel il s'était étendu en s'écriant:

— Alors, en route, maman Rabouleau, en route!

Un instant après, tous nos gens, suivis du jardinier, après s'être adjoints plusieurs gardes, parcouraient le bois qu'ils faisaient retentir de leurs cris.

Mais hélas! peines inutiles, vaines recherches, et au petit jour, tous trois, regagnèrent la maison de Saint-James, où ils rentrèrent désolés, exténués de fatigue, où ils trouvèrent Etienne, qui lui-même, inquiet de n'avoir pas vu rentrer sa mère la veille, était venu à Saint-James sonner de grand matin. Rien ne pourrait dépeindre la douleur et la surprise du jeune homme lorsqu'il apprit la disparition d'Alice, de cette femme bien aimée et à jamais perdue pour lui.

XV. — DEUX ANS PLUS TARD

— Dis-moi, ma femme, le dîner s'avance-t-il? as-tu donné tes ordres à Françoise, notre cuisinière, pour qu'elle nous serve à six heures précises. — Oui, monsieur Flandin, nous serons en mesure, et nos amis n'ont qu'à venir pour être bien reçus et bien traités. — Ma Frigolette, je t'ai déjà prié onze mille fois, pour le moins, de ne plus m'appeler monsieur Flandin, mais bien mon petit Zéphyrin chéri; car enfin, voici quinze mois que nous sommes en ménage, et quel ménage, grand Dieu! celui de deux tourtereaux, n'est-ce pas, petite femme? — Ça! c'est vrai, que nous sommes bien heureux! répondit Frigolette souriante au jetant son bras caressant autour du cou de son mari. — Grâce à toi, ma petite bichette, qui m'entoure des soins les plus tendres. — Dame! c'est bien le moins, ce me semble, que d'aimer et de soigner son mari, surtout un mari comme toi, qui, jeune et possesseur de six mille francs de rente, n'as pas dédaigné de prendre pour femme une pauvre fille sans parents ni fortune.

Ainsi causait le jeune couple, Flandin tout occupé de ranger sur la tablette d'un buffet plusieurs bouteilles d'un vieux vin qu'il venait de monter de la cave, et Frigolette en train de dresser une table de quatre couverts, le tout dans une des salles à manger de l'hôtel de la rue de Londres, ancienne propriété d'Alexis Melville, devenu depuis deux ans celle de madame Rabouleau, par suite de non-paiement de la part du premier, des sommes que lui avait prêtées la marchande du Temple; madame Rabouleau ne voulant pas habiter cette riche demeure, ni l'abandonner à la solitude, avait institué Flandin et sa femme les gardiens et conservateurs, en leur donnant la jouissance d'un des nombreux appartements de l'hôtel.

La demie moins de six heures venait de sonner, lorsque la porte des époux Flandin s'ouvrit pour donner entrée à Etienne et à sa mère, convives amicaux se rendant à l'invitation qu'ils avaient reçue de la part du mari et de la femme.

— Monsieur et madame, soyez les bienvenus dans votre hôtel, fit en courant embrasser la mère Rabouleau, la gentille Frigolette. — Bonjour, ami, comment va cette santé depuis quinze jours au moins que nous ne nous sommes vus? disait, de son côté, Flandin en pressant la main d'Etienne. — Bien, très-bien! répondit le jeune homme dont les traits pâles et amaigris portaient l'empreinte d'une profonde mélancolie. — Ça! enfants, maintenant que les compliments d'usage sont débités, dînons, car j'ai une faim de loup, fit la mère Rabouleau gaiement; puis, regardant son fils: Quant à toi, petiot, tâche de nous faire meilleure mine, au risque de nous la faire payer plus chère, afin de ne point attrister les bons amis qui nous traitent aujourd'hui, reprit-elle en s'adressant à son fils. — Certainement, il faut être gai, gentil, et pour cela oublier un douloureux passé, dit Frigolette. — Oublier Alice, oh! jamais! fit Etienne en soupirant. — Oui, l'oublier, Frigolette a raison, car enfin, qu'attends-tu et qu'espères-tu d'une femme mariée, perdue pour toi comme pour nous, et cela depuis deux ans que nous ne savons ce qu'elle est devenue, quoique, tous tant que nous sommes ici, nous ayons fait tout ce qui est humainement possible pour la retrouver? fit à son tour Flandin. — En effet, perdue depuis deux ans! Hélas! si je la savais heureuse, je serais moins malheureux peut-être. — Mille Dieux! où son gredin d'homme a-t-il pu la cacher? Qu'en a-t-il fait? Oh! oui, ainsi que toi, mon garçon, je donnerais beaucoup pour connaître le sort de cette pauvre enfant, et pouvoir la secourir si elle est dans le malheur. Oui, oui, encore de nouvelles recherches, il le faut absolument, car il y va de ma conscience et de mon honneur de retrouver Alice, de lui rendre,... mais suffit! à table d'abord, et demain une nouvelle visite de ma part au Préfet de Police, puis de l'or, beaucoup d'or au premier limier qui viendra me dire qu'Alice est vivante, et m'indiquer les lieux qu'elle habite.

Ainsi disait la marchande en s'asseyant au couvert.

— Quoi, maman Rabouleau, après deux années de démarches, de recherches infructueuses, vous n'y renoncez pas encore? Voulez-vous donc ruiner vous et votre fils en recommençant à jeter l'or à poignée comme vous l'avez déjà fait, et cela sans aucun résultat? — Eh mon Dieu! qui vous dit que ce soit mon argent que je dépense, et non celui qui m'a été confié pour veiller au bonheur d'Alice? qui vous assure, qu'emmenée bien loin d'ici par son mari, puis abandonnée, perdue par lui, que la pauvre aveugle, en ce moment, réduite à la misère, ne mendie pas son pain? — Impossible, maman Rabouleau, impossible, vous dis-je, que les choses en soient à ce point, car je ne devine pas quel intérêt pouvait avoir Melville à nous enlever sa femme, pour ensuite l'abandonner au loin ; passe encore si, en enlevant la chère enfant, il avait avec elle emporté une nouvelle fortune ; mais non, il la savait ruinée, sans ressources, mieux encore, à votre charge.— Mais alors, quel a donc été le but de cet homme? interrogea vivement Etienne. — Celui, peut-être, que lui inspirait le remords, c'est-à-dire de reprendre sa femme, afin de réparer ses torts envers elle en la rendant désormais heureuse. — Allons donc ! est-ce qu'un joueur, un débauché a jamais connu le repentir? A mon avis, moi, le misérable ne nous a ravi Alice que dans l'intention de la torturer, et d'apprendre d'elle ce qu'est devenue la fortune de son aïeule, sur laquelle le libertin comptait pour recommencer ses orgies. — Vous avez raison, ma mère, et c'est ce qui doit nous faire trembler pour la pauvre Alice qui, ignorant ce qu'est devenue cette fortune, ne pouvant rien avouer, doit passer ses jours dans un continuel supplice, dit Etienne. — Et pourquoi aussi, il nous faut à tout prix la retrouver et la sauver, répondit la mère Rabouleau.

Quelques mots encore du même entretien, puis Flandin, désireux d'un peu de gaîté à sa table, tourna adroitement la conversation pour l'amener sur un terrain moins sérieux, ce à quoi, grâce à l'excellence de son vin, il vint facilement à bout, en sorte que, au dessert, la mère Rabouleau fredonnait la chansonnette, qu'Etienne souriait, que Frigolette, bruyante et folle, faisait force espiègleries à son mari qui, lui-même, chantait à tue-tête.

Une heure du matin sonnait comme nos quatre amis se séparaient, après une gaie soirée ; la mère Rabouleau et son fils pour gagner chacun la chambre qu'ils devaient occuper cette nuit dans l'hôtel, ainsi que cela leur arrivait chaque fois qu'ils venaient visiter Flandin et sa femme, et s'attardaient dans ce quartier éloigné du Temple.

La pièce destinée à Etienne, celle enfin qu'il occupait d'habitude, n'était autre que la chambre à coucher habitée jadis par Alice ; ainsi l'avait voulu notre jeune homme, quoique l'aspect de ce lieu réveillât dans son cœur de bien douloureux souvenirs.

Entré dans la chambre, Etienne, après avoir déposé sa lumière sur un meuble, et s'être jeté dans un vaste fauteuil, laissa errer ses regards tout autour de lui, appelant à son aide la trompeuse illusion, essayant d'entrevoir dans l'ombre celle d'Alice le fixant, lui souriant comme autrefois, de son sourire le plus tendre ; Alice, ses premières et uniques amours, Alice dont il ignorait le sort, et doublement perdue pour lui.

Ainsi pensait douloureusement Etienne, le regard rivé sur les rideaux qui fermaient l'alcôve, et qu'à sa grande surprise il lui sembla voir s'agiter, comme si quelqu'un était caché derrière.

— Mon Dieu ! serait-ce elle? Mon Dieu ! feriez-vous un miracle en ma faveur?

Ainsi murmurait le jeune homme en se levant pour aller droit à l'alcôve, d'une main ferme en soulever les rideaux, et, à sa grande surprise, reconnaître Régina dans la femme belle et parée qu'il aperçut étendue mollement sur le lit, laquelle souriait à sa surprise.

— Quoi ! vous encore, vous ici ! ne vous lasserez-vous donc jamais de me poursuivre? fit Etienne avec humeur. — Jamais ! car je t'aime trop pour cela, ingrat, qui me dédaignes pour une autre qu'il ne reverra plus, dit Régina en se jetant en bas du lit. — Comment vous trouvez-vous ici, madame? Qui vous a introduite? — Ma volonté et mon adresse. — Mais dans quel but? fit Etienne impatiemment. — Celui de vous voir, puisque j'ai la sotte faiblesse de vous aimer en dépit de vous, de vous, ingrat, qui restez insensible à mes avances, muet à toutes les lettres charmantes que j'ai la bonté de vous adresser quotidiennement ; aussi ai-je désiré d'avoir avec vous un dernier entretien, et pour cela, ayant appris que vous deviez aujourd'hui dîner ici, y passer la nuit, que vous choisiriez de préférence cette chambre à toute autre, et parfaitement au fait des êtres de cette maison, je m'y suis introduite ce soir, décidée à attendre patiemment qu'il vous plût, bel indifférent, de venir ici vous livrer au repos. Avouez maintenant que ceci est de l'amour sincère, dévoué, ou que je ne m'y connais pas. — Mais enfin, madame, qu'exigez-vous de moi ? fit Etienne avec humeur. — Belle question, ma foi ! Que tu

oublies Alice pour ne plus aimer que moi. Etienne, je suis riche, grâce à la générosité du comte Soubaroff, mon dernier amant, très-riche, te dis-je ; eh bien ! dis un mot, dis que tu consens à m'aimer un peu, à vivre pour moi, à me sacrifier ton ridicule amour pour Alice, et je romps aujourd'hui avec le boyard russe, je me donne à toi pour la vie, et te rends maître de ma fortune...Réponds, Etienne, réponds ! Veux-tu, au prix de ton amour, faire de Régina une femme honnête? réponds, car à ce prix est ma conversion. — Qu'exigez-vous? que j'arrache de mon cœur l'amour qu'a su lui inspirer la plus vertueuse comme la plus à plaindre des femmes, pour y substituer celui que prétend m'inspirer la maîtresse d'Alexis Melville, celle en titre aujourd'hui du comte russe Soubaroff? Oh ! non, n'espérez pas, Régina. — N'espérez pas, dis-tu, Etienne? mais alors il fallait me parler ainsi il y a deux ans, repousser mes caresses et me refuser les tiennes ! Pourquoi donc alors as-tu feint de m'aimer? Pourquoi, il y a quatre mois encore, lorsqu'un hasard nous réunit ensemble, seuls à l'hôtel du comte Russe, en échange de mes caresses me rendis-tu les tiennes cette fois encore, et me promis-tu oubli et amour?... Tu te tais, Etienne, tu baisses les yeux ; eh bien, je vais parler pour toi. Il y a deux ans, tu feignis de m'aimer afin d'arracher à ma générosité l'or que moi-même j'avais ravi à Melville, et une fois ce même or en ta puissance, tu m'as délaissée, oubliée ; tu es resté muet, implacable à ma douleur, à mes prières, lorsque je ne te demandais plus alors que ton estime, ta protection pour devenir une honnête femme. Eh bien, non, loin de me rendre une main secourable, tu m'as méprisée et maudite. Donc, cela est lâche et infâme que de tromper une femme pour la dépouiller et la chasser après ; enfin, c'est se mettre au niveau d'un Alexis Melville. — Régina ! fit en ce moment Etienne avec honte et colère. — Ecoute encore, Etienne, écoute : Il y a quatre mois, tu feignis le repentir et de répondre à mes sentiments ; nouvelle tromperie de ta part, car ce n'était alors ni le regret, ni l'amitié qui te rattachaient momentanément à moi, mais bien le désir d'apprendre de ma bouche le sort actuel d'Alice et le lieu qu'elle habite avec son mari, et lorsque tu fus bien convaincu qu'ainsi que toi j'ignorais ce que sont devenus ces deux époux, de nouveau tu as fui, sans même daigner me jeter un mot d'adieu. Tout cela est peu digne d'un homme loyal, n'est-ce pas, Etienne ? Et pourtant tout cela n'a pu éteindre dans mon cœur l'amour sincère que Dieu, pour me punir, y a fait naître ; car je t'aime toujours, Etienne, reprit Régina d'un doux accent, en entourant de ses beaux bras le cou du jeune homme, pour ensuite, serpent tentateur, se glisser doucement sur ses genoux. Etienne, lorsque tous les hommes me trouvent belle et envient de moi un regard, un sourire, un mot, pourquoi, toi seul, restes-tu insensible à mes charmes, toi que j'aime pour toi, sans arrière-pensée, sans calcul? — Laisse-moi, sirène, tu sais bien que je ne puis disposer d'un amour qui ne m'appartient plus, d'un cœur que j'ai voué à une autre, répondit Etienne tout en essayant mollement d'échapper aux caresses de Régina. — Non, tu n'aimes pas cette Alice autant que tu penses l'aimer, car lorsqu'on aime sincèrement, vois-tu ? tout autre que l'objet aimé nous est indifférent ; à lui notre unique pensée, nos caresses, notre sainte fidélité, et il n'a pas été ainsi de votre part, beau damoiseau ; car j'ai su bien souvent égarer votre tête et votre cœur, en chasser parfois l'image et le souvenir d'Alice, forcer vos caresses de répondre aux miennes, enfin de sentir sous mes lèvres frissonner les vôtres, vos bras me presser, m'étreindre comme en ce moment, par exemple ! Ah ! n'essaie pas, enfant, de me repousser ! avoue que tu es vaincu, que la volupté est plus forte que la raison.... Etienne, oublie un amour désormais chimérique et sans espoir, et livre-toi sans contrainte à la douce réalité.

Et, disant ainsi avec passion, Régina inondait Etienne des plus brûlantes caresses, Etienne, qui, sous l'empire irrésistible d'un charme magnétique, enivrant, et n'ayant plus de force pour résister, oublie tout pour être heureux encore sur le sein et dans les bras de la plus belle comme de la plus dangereuse des femmes.

La pendule de la chambre à coucher indiquait la sixième heure de la matinée, lorsque Régina, souriante, s'échappait de l'hôtel en silence et protégée par la concierge, après avoir donné le baiser d'adieu à Etienne et obtenu de l'amant infidèle d'Alice la promesse d'une douce entrevue pour le soir, dans l'hôtel et en l'absence du comte russe Soubaroff.

Resté seul, encore au lit après le départ de Régina, Étienne, pensif, s'accouda sur son oreiller et se livra en silence aux pensées qui, en foule, vinrent l'assaillir en ce moment.

— Elle a, ma foi, raison cette Régina; je suis en effet un être sans fermeté, sans résolution, que le moindre caprice d'une femme fait tourner à sa guise. Oh! oui, elle a encore raison, la sirène, lorsqu'elle m'accuse de perfidie et d'inconstance, moi! moi!, qui ai dit aimer Alice à l'égal de Dieu et de ma mère, et qui ne peux résister aux séductions d'une Phryné, qui l'oublie et l'outrage dans les bras d'une courtisane !... Oui, mais aussi qu'elle est belle, irrésistible, cette Régina! combien ses caresses sont enivrantes! Oui, il faudrait toute la force, toute la puissance d'un Dieu pour y résister, pour repousser le baiser que ses lèvres provoquent, pour demeurer froid, insensible, lorsque son regard se fixe sur le vôtre, tout pétillant d'amour, lorsque ses bras, formés par les grâces, vous entourent, vous captivent, vous pressent sur sa bouche, sur son sein, sur son cœur. Oh! non, impossible de résister, car la tête s'égare, la vue se trouble, le cœur s'agite avec violence, et le délire le plus suave s'empare de tout votre être en l'inondant de volupté... Ah! pardonne, pardonne à ma faiblesse, Alice, toi si belle aussi; mais hélas! tu n'es plus désormais pour moi, qui t'ai perdue peut-être pour toujours, qu'une douce image, un souvenir saint et adoré.

Ainsi pensait Étienne, lorsque la porte de la chambre, en s'ouvrant vivement, donna entrée à Flandin, lequel, sur une recommandation faite la veille, venait éveiller Étienne, qu'il croyait encore plongé dans le sommeil.

— Eh bien, cher ami, avons-nous passé une bonne nuit? s'informa le mari de Frigolette tout en tournant dans ses mains une lettre qu'il venait de recevoir. — Une nuit excellente, répondit Étienne. — Nous de même, et le réveil est non moins gentil que ladite nuit; car cette lettre que voici, et qui m'arrive à l'instant même de Rouen, nous annonce un petit héritage d'une vingtaine de mille francs que nous a légué en mourant la marraine de Frigolette, vieille normande décédée il y a une quinzaine de jours. Le notaire qui nous écrit, nous engage même à nous rendre sans nul retard à Rouen, afin de hâter le partage et de surveiller nos intérêts. — Alors, il faut partir aujourd'hui même, dit Étienne tout en s'habillant. — Telle a été ma décision; aussi ma femme, en ce moment, dispose-t-elle tout pour notre départ; je dis notre départ, parce que la chère petite poulette, ne pouvant se séparer de son cher petit mari, veut absolument venir avec moi. — Elle a raison; on est si bien ensemble lorsque l'on s'aime!

Le même jour, et sur les neuf heures du soir, Flandin et Frigolette partaient pour Rouen en chemin de fer, Étienne s'introduisait silencieusement dans l'hôtel du comte de Soubaroff, pour se diriger ensuite dans le boudoir de Régina, guidé par une femme de chambre discrète et dévouée.

XVI — INCIDENTS DIVERS

Entre deux et trois heures du matin, s'élançant hors du wagon qui les avait apportés, Flandin et sa jeune femme prenaient pied sur le sol de la vieille capitale du pays du cidre, c'est-à-dire sur celui de Rouen. Là, ils jetèrent leurs bagages sur le dos d'un gars normand aux larges épaules, avec ordre de les conduire dans le meilleur hôtel de la ville.

Un quart d'heure après, le même commissionnaire déposait les époux et leurs bagages dans un garni de la rue Grand-Pont, où, pour se remettre des fatigues du voyage, Flandin et Frigolette commencèrent par se mettre au lit, pour n'en plus sortir qu'à midi.

Une visite au notaire, un bon dîner chez un des meilleurs restaurateurs de la ville, puis le soir une loge au Théâtre-des-Arts, aidèrent nos deux époux à terminer cette première journée dans une ville où tout leur était inconnu.

Malgré le désir de Flandin de voir se terminer promptement l'affaire qui les avait amenés en Normandie, sa femme et lui, depuis huit jours ils habitaient Rouen sans savoir encore précisément l'époque où ils pourraient s'en retourner à Paris, moment fortuné qu'ils appelaient l'un et l'autre de tout leur cœur, ayant déjà de la province cent pieds par-dessus la tête, et connaissant sur le bout du doigt une ville qui, deux jours après leur arrivée, ne leur offrait plus rien de neuf ni de piquant.

C'était un beau matin, Flandin et sa femme rentraient en ville après une longue promenade sur les bords de la Seine, lorsque, passant devant le portail d'une vieille et sombre église, Frigolette, désireuse d'y entrer et d'y faire sa prière, entraîna son mari dans ce temple assez désert à cette heure, et où se voyaient seulement quelques rares fidèles agenouillés et priant tout bas.

Ce fut dans une petite chapelle froide et sombre que Frigolette fut s'agenouiller, non loin de deux femmes qui priaient avec ferveur. Mais un cri de surprise et de joie vient de s'échapper des lèvres de Frigolette et d'attirer l'attention de Flandin, demeuré à quelque distance de sa femme et en train de contempler une peinture. C'est que, dans l'une des deux femmes priant dans la chapelle, Frigolette venait de reconnaître Alice.

— Alice, vous ici! vous, que nous retrouvons enfin après vous avoir cru perdue pour jamais! Alice, reconnaissez en nous vos bons amis : Flandin, votre cousin; Frigolette, votre compagne d'infortune.

Ainsi disaient les deux époux en pressant la jeune aveugle dans leurs bras. Alice, suffoquée par la surprise et la joie, et qu'accompagnait en ce moment une vieille femme en qualité de guide et de servante.

— Quoi! c'est vous, mes bons amis, que je retrouve après deux années de séparation? Ah! Dieu soit loué mille fois du bonheur qu'il m'envoie aujourd'hui! fit Alice heureuse, en rendant caresses pour caresses. — Vous à Rouen, chère Alice! depuis quand habitez-vous cette ville? Pourquoi ne pas nous avoir fait connaître votre demeure, et que vous existiez. Hélas! combien de regrets et d'inquiétude vous nous eussiez épargnés! disait Frigolette. — Mon Dieu, c'est qu'il m'était défendu de vous instruire, c'est qu'il m'était ordonné de vous oublier, dernière exigence que je ne me suis pas senti la force d'accomplir. — Je devine, encore de nouvelles tortures de la part de votre indigne mari, fit avec colère Flandin. — Oh! gardez-vous de l'injurier, car il m'aime maintenant, il me rend heureuse, fit Alice vivement. — Pas possible! dit Flandin avec surprise. — Venez, venez chez moi, mes amis, car vous serez bien reçus par monsieur Melville, et nous causerons tout à notre aise. — Parbleu! je le veux bien, répondit tout haut Flandin, pour ensuite ajouter tout bas : d'autant mieux que cela me permettra de juger, par moi-même de la position et de la sincérité de l'heureux changement qui s'est soi-disant opéré dans le cœur et les habitudes du ci-devant Melville.

Flandin et Frigolette s'emparèrent donc de la jeune aveugle, et, suivis de la servante, on se mit en route pour atteindre, après un quart d'heure de marche, une petite maison d'assez jolie apparence, située à l'extrémité de l'un des faubourgs de la ville, et dans laquelle Alice introduisit ses deux amis.

Lors de leur arrivée, Melville était absent, et cela à la grande satisfaction de Flandin, qui, aussitôt entré dans l'appartement du rez-de-chaussée, s'empressa de promener partout et sur tout un regard d'huissier-priseur.

Des meubles dépareillés, des étoffes fanées, reprisées, assemblage de panas distribués sans goût, absence totale de tous ces jolis riens inutiles qui, dans un ménage, annoncent l'aisance et complètent le confortable; enfin, un véritable ameublement d'hôtel meublé, telle se composait la demeure de Melville et d'Alice, triste aspect qui, de suite, disait aux yeux que la gêne, peut-être pire, la misère, habitait en tiers cette demeure.

— Ainsi, ma chère et bonne dame, vous dites donc que M. Melville, revenu à de meilleurs sentiments à votre égard, vous rend maintenant plus heureuse? demanda Frigolette, à peine assise au salon et près d'Alice dont elle s'était emparée de la main, pour la presser dans les siennes avec bonheur et aménité. — Oui, autant qu'il est en son pouvoir de me rendre contente, répliqua Alice, tout en accompagnant ces paroles d'un soupir douloureux qu'elle s'efforça en vain d'étouffer. — Et ce fut lui qui, trompant notre vigilance, vous enleva au bois de Boulogne, ainsi que vous venez de nous le raconter en venant ici? Mais que fit-il de vous ensuite, et comment se fait-il que vous habitiez Rouen? demanda Flandin curieusement. — Trois mois après qu'il m'eût ravi à votre sainte amitié, M. Melville et moi nous quittâmes Paris pour aller à Londres, et habiter cette ville l'espace d'une année, Londres, que M. Melville fut contraint de quitter précipitamment à la suite d'un duel où il avait eu le malheur de tuer son adversaire, pour passer en Hollande, où nous nous fixâmes plusieurs mois, et d'où, comme en Angleterre, il nous fallut partir avec non moins de précipitation, pour rentrer en France, et nous fixer à Rouen. — Ah ça ! mais étaient-ce donc encore les suites d'un duel qui de nouveau contraignaient Melville à quitter la Hollande ? s'informa Flandin. — J'ignore quelle fut cette fois la cause de ce départ, car M. Melville ne m'en instruisit pas. — Et, au milieu de toutes ces pérégrinations, vous n'eûtes pas à vous plaindre de la conduite de votre époux envers vous ? s'informa Frigolette avec intérêt. — Je vous le répète, mes amis, M. Melville, depuis deux ans, n'a cessé de me prodiguer les soins les plus tendres, de veiller sur moi avec sollicitude, enfin de tout faire pour effacer de mon cœur un pénible et coupable passé que j'ai pardonné en accordant à mon mari, sinon mon amour, du moins mon estime et une amitié de sœur. — Voici un changement qui, à bon droit m'étonne et duquel je ne puis trop féliciter ce cher Alexis... A propos, mais pour voyager et parcourir le monde comme ce cher ami le fait depuis deux ans passés en votre compagnie, il faut, ce me semble, quelques moyens, ce qui me porte à présumer qu'Alexis n'avait pas, ainsi qu'on se plaisait à le dire, dissipé entièrement la fortune que vous lui apportâtes en dot, ma chère Alice ? interrogea Flandin, tout en adressant à sa femme un regard et un sourire malicieux. — J'ignore complètement ce que M. Melville possède encore, mais l'aisance, le bien-être dont il m'entoure, même les dépenses particulières, enfin tout m'annonce chez lui quelque fortune, répliqua Alice d'un ton naïf. — Allons, tant mieux, car tout ce que vous nous apprenez, ma bonne petite cousine, nous comble de joie, fit Flandin. — Maintenant, mes bons amis, reprit Alice, hâtez-vous de me parler de cette bonne dame Rabouleau et de... son fils Etienne, et de me raconter l'heureux hasard qui vous a unis l'un à l'autre.

Frigolette s'empressa de satisfaire Alice, et, après lui avoir parlé longuement de la mère et du fils, elle aborda l'histoire de son mariage avec Flandin, lorsque la porte du petit salon dans lequel ils s'étaient réunis s'ouvrit, et que Melville se présenta à leurs regards, Melville amaigri, au teint pâle, et de qui la toilette, riche autant que de bon goût, contrastait bizarrement avec celle si humble et si médiocre de sa jeune épouse.

— En croirai-je mes yeux ? l'ami Flandin et Frigolette à Rouen, et chez moi ! Par quel heureux hasard ? s'écria Alexis en venant, affable et souriant, presser la main que lui tendait Flandin. — Comme tu dis, mon bon, le hasard qui nous a fait, il y a deux heures, rencontrer et reconnaître ta charmante femme dans une des églises de cette ville. — Fort bien, Flandin, mais comment es-tu à Rouen, en compagnie de cette belle enfant ? — Une affaire de famille nous y a amenés, il y a de ça huit jours, et cette belle enfant n'est autre que ma légitime épouse, de par l'autorité de M. le maire... Maintenant, mon cher, permets-nous de te féliciter, car d'après tout le bien que vient de nous dire de toi cette chère Alice, il paraît que tu es devenu la perle des hommes et des bons maris. — C'est-à-dire, Flandin, que, vaincu par la vertu, la douceur de cet ange, je me suis repenti, et que je cherche à réparer autant qu'il est en mon pouvoir tout le mal que je lui ai fait. Que Dieu m'aide et je lui rendrai cent fois plus de bonheur que je ne lui ai causé de larmes et de tourments.

Ainsi disait Alexis ; puis, après s'être approché de sa femme pour lui prendre tendrement la main et la porter à ses lèvres : N'est-ce pas, Alice, reprit-il, que dans votre cœur il y aura pour moi oubli du passé, grâce et pitié ?

— Vous savez bien, Alexis, que depuis longtemps je ne me rappelle plus, répondit Alice d'une voix douce. — Ça, mes amis, j'espère que vous allez nous consacrer tout le temps qu'il vous reste encore à passer à Rouen, et que pour fêter notre heureuse réunion, nous allons ici dîner tous ensemble, dit gaiement Melville, dont la proposition fut acceptée à l'unanimité par Flandin et Frigolette, le premier, enchanté de trouver l'occasion de pouvoir épier et approfondir la position morale et pécuniaire d'Alexis, et la seconde, heureuse de se retrouver auprès d'Alice et de lui donner ses soins. — Au retour de Melville, qui s'était absenté quelques instants afin d'aller donner des ordres concernant le dîner, une longue causerie s'entama, puis vint le dîner, et à sa suite une promenade hors de la ville, durant laquelle Melville ne voulut confier qu'à lui seul le soin de conduire et guider les pas d'Alice.

Au retour de ladite promenade, et comme la onzième heure du soir tintait aux horloges, les deux couples se séparèrent, Flandin et sa femme, pour se rendre à leur hôtel, Melville et Alice, pour gagner chacun, de leur côté, leur chambre à coucher respectives, situées au premier étage et sur le même palier.

Alexis, entré dans sa chambre, se jeta sur un siége où il resta muet, pensif et violemment agité, la tête enfouie dans ses deux mains, et ce ne fut que longtemps après avoir entendu la servante de sa femme s'éloigner, qu'il se leva sans bruit de son siége pour aller d'abord plonger son regard dans la chambre d'Alice, et s'assurer que sa femme était couchée, puis, s'éloignant doucement, il gagna la porte et descendit au rez-de-chaussée où l'attendait la vieille servante qui dormait sur sa chaise.

— Je sors et je reviendrai avant le jour, dit-il ; veillez attentivement ma femme, et si le hasard voulait qu'elle s'éveillât, ayez grand soin de lui cacher mon absence. — Soyez sans inquiétude, monsieur, et allez en paix ; je me conduirai avec autant d'adresse et de prudence que je l'ai fait jusqu'alors, pendant toutes les nuits que vous avez passées dehors. Allez, allez ! madame n'en saura rien, termina la vieille en grimaçant un sourire malicieux et tout en éclairant son maître jusqu'à la porte de la rue qu'elle referma sans bruit sur lui.

Une fois dehors, Alexis se mit à presser le pas en s'enfonçant dans les rues étroites de la ville à travers des rues étroites et obscures, puis, dans l'une d'elles, il s'arrêta devant une porte à laquelle il frappa trois coups précipités, au bruit desquels s'en vint ouvrir un homme à la mine austère.

— Sont-ils là-haut ? interrogea Melville. — Oui, depuis une demi-heure ; montez, ils vous attendent, répliqua l'homme en s'effaçant pour laisser passer Alexis qui s'empressa de s'enfoncer dans une allée obscure au bout de laquelle était un escalier qu'il se hâta de franchir, pour entrer dans une chambre éclairée où se trouvaient cinq hommes élégants et parés, assis autour d'une table et en train de jouer aux cartes. — Arrive donc, lambin ! de Beaudésir n'attendait plus que ta présence pour nous démontrer une nouvelle coupe de son invention, un véritable chef-d'œuvre d'adresse qui nous promet une riche moisson, dit un des personnages en voyant entrer Melville. — Quoi! nous ne jouons pas ici cette nuit ? s'informa Alexis en s'approchant de la table. — Non, mais chez le comte de Nancy, qui, pour nous procurer l'occasion d'exercer avantageusement nos petits talents de société, nous a tous invités au bal magnifique qu'il donne cette nuit dans son hôtel. — C'est bien ! voyons cette coupe, reprit Alexis qui, après avoir regardé sauter les cartes dans la main de Beaudésir, fit un signe d'improbation accompagné d'un sourire de pitié.

— Ça, dis-moi, chevalier du lansquenet, ceci n'est-il pas de ton goût ? interrogea de Beaudésir. — Pitoyable rouerie que devinerait l'œil le moins inexpérimenté... Tenez, à votre tour, regardez ceci, mes très-chers, voyez filer cette carte et arriver le roi coup sur coup, et dites ce que vous en pensez, fit Melville, après s'être emparé d'un jeu de cartes que, tout en parlant, il le faisait travailler dans ses mains avec une dextérité surprenante. — Superbe ! magnifique ! Vite à l'étude, s'écrièrent avec enthousiasme tous les joueurs en entourant Alexis. — Oui, reprit ce dernier, à l'étude et surtout sachez saisir adroitement et vivement, mes très-chers, car déjà les ruses dont nous avons fait usage jusqu'alors, commencent à s'user, à éveiller l'attention de messieurs les Rouennais, fins Normands que, pour tromper, il faut être deux fois fins. Encore une fois, mes chers associés, appelons aujourd'hui à notre aide un surcroît d'adresse et de dextérité sous peine de nous voir, sous peu, chassés de la capitale de la Normandie comme nous l'avons été de Londres et d'Amsterdam.

A ces mots, chacun de nos chevaliers se hâta de s'emparer du jeu, et l'œil tour à tour fixé sur les cartes de Melville et sur les leurs, d'imiter en tout leur professeur dans l'art de filouter au jeu.

— Très-bien ! vous êtes, mes très-bons, des élèves aussi dociles qu'intelligents. Maintenant, je crois que nous pouvons nous rendre au bal de M. le comte de Nancy, le plus beau joueur, selon moi, de France et de Navarre. A propos ! reprit Alexis, à quel chiffre s'élève notre caisse aujourd'hui ? — A deux cent vingt louis, reprit un des chevaliers. — Superbe ! avec cette somme et notre nouvelle façon d'opérer, il y a de quoi dévaliser cette nuit toutes les bourses rouennaises. — Que le diable t'entende et qu'il t'exauce, très-bon, répondit joyeusement de Beaudésir en frappant familièrement sur l'épaule d'Alexis.

Une demi-heure après cet entretien, Alexis et ses compagnons se glissaient dans les riches salons du comte de

Nancy, vieux seigneur ami du monde et du plaisir, possesseur d'une immense fortune et d'une jolie femme.

Les premières démarches de nos aventuriers furent d'aller saluer les maîtres de la maison, puis de faire danser quelques charmantes femmes, pour ensuite, l'heure étant venue, faire leur entrée dans le salon de jeu, où déjà plusieurs personnes avaient entamé les parties.

La deuxième heure de la nuit sonnait, le salon, où se pressait autour des joueurs une foule compacte, était tout reluisant d'or ; c'était un jeu d'enfer, une frénésie, et chacun à l'envi citait la chance heureuse de certains joueurs devant lesquels s'élevaient des monceaux d'or.

— Merci, monsieur, je ne joue plus ; votre chance heureuse et persévérante vient de m'enlever tout l'argent que j'avais sur moi, disait un riche négociant à Melville, tout en se disposant à quitter la table. — Parbleu, monsieur, il ne sera pas dit que j'aurai ruiné un galant homme, et le désir que j'ai de vous restituer votre argent me fait vous proposer une nouvelle partie, en acceptant votre parole comme de comptant, répliqua Melville du ton le plus affable. — S'il en est ainsi, monsieur, continuons, fit le négociant. — Quel est votre enjeu, monsieur ? — Mille francs, s'il vous convient ? — Soit, mille francs.

Et Alexis de perdre avec la meilleure grâce possible.
— Continuons, deux mille.

Alexis perd encore.

— Eh bien ! monsieur, vous le voyez, la chance a tourné... Doublons, s'il vous convient ? — Volontiers.

Et cette fois, c'est Alexis que la chance favorise, puis une seconde, une troisième encore, si bien que notre négociant, dépité, abandonne la partie en restant le débiteur de Melville pour une somme de douze mille francs payable le lendemain matin à dix heures.

C'est vers une autre table, où se jouait un furieux lansquenet que se dirigea Alexis, partie à laquelle notre jeune homme s'empressa de prendre part.

Deux banquiers s'étaient ruinés en moins d'une demi-heure, lorsque vint le tour de notre héros de prendre les cartes.

D'abord, perte pour Melville, puis tout d'un coup chance heureuse, et l'or qui s'amoncelle devant lui, lorsqu'une voix vint à s'écrier :

— Prenez garde, messieurs, on vous friponne indignement ! — Qui ose dire cela ? s'écria Alexis en tournant autour du cercle un regard furieux. — Moi, à qui plaît de démasquer en vous un escroc, répond, la voix ferme et la tête haute, un homme d'une quarantaine d'années, à l'allure militaire, et portant à sa boutonnière le signe de l'honneur. — Est-ce bien à moi, monsieur, que véritablement vous adressez cette injure ? dit Alexis après s'être levé spontanément. — A vous-même, honnête industriel.

A peine l'inconnu terminait-il ces mots que la main de Melville lui appliquait sur la joue un vigoureux soufflet dont la riposte ne se fit pas attendre ; partant de là, provocation de la part des deux champions et, la foule entoure, enfin un tumulte affreux dont profitent les associés d'Alexis pour empocher l'or qu'ils avaient sur la table, et s'éclipser en silence, laissant leur compagnon se retirer d'affaire comme bon il l'entendrait.

Cinq duels sont aussitôt proposés et acceptés par Melville.

— Non, messieurs, pas de duel avec un fripon déjà chassé de Londres et de la Hollande pour de pareils méfaits ; ce serait faire beaucoup trop d'honneur à ce chevalier d'industrie : contentons-nous de lui faire restituer l'argent qu'il nous a volé cette nuit, et de le chasser ensuite ignominieusement de cette honorable maison, fit entendre une voix à laquelle toutes s'empressèrent de répondre affirmativement.

En vain Melville, au comble de la honte et de la fureur, s'efforce-t-il de se faire entendre, de lutter seul contre tous, ses poches sont en un instant fouillées et vidées, puis, des bras l'enveloppent, le soulèvent, l'emportent pour aller le jeter sur le pavé de la rue, où il demeura quelques instants étendu et comme privé de sentiments, le pavé, d'où il se releva le corps brisé, la tête en feu.

— Oh ! que de honte et d'infamie ! s'écria-t-il en se frappant le front du poing ; quoi ! je suis devenu si méprisable que les hommes me trouvent même indigne de mourir de leurs mains !... Affreuse passion du jeu ! fatale soif de l'or, où m'avez-vous conduit ? Et toi, toi, Alice, pauvre et innocente victime de mes vices détestables, il me va donc falloir encore troubler ton repos, t'arracher de nouveau à ta vie paisible, et, sous un autre ciel, aller t'exiler loin du bruit, de la honte qui m'accablent, et du juste mépris que me portent mes semblables... Et cependant, Alice, cette fois, c'était pour toi, pour t'arracher à la misère, pour te rendre cette existence de luxe et de plaisir que je t'ai ravie, que je voulais la fortune, que je la voulais à tout prix... Oh ! ces hommes, comme ils m'ont traité ! que de haine et d'ignominie de leur part ! combien il me serait doux de me venger de leurs injures !

Et comme Melville murmurait ces dernières paroles avec l'accent de la haine et du désespoir, la porte de l'hôtel du comte de Nancy, non loin de laquelle il était assis, s'ouvrit bruyamment pour donner sortie à un homme dans lequel il reconnut le personnage à la croix d'honneur, qui, le premier, lui avait jeté à la face la dénomination honteuse de fripon.

A la vue de cet homme, Alexis sentit son cœur bondir de colère, une soif de vengeance s'emparer de tout son être et l'entraîner comme malgré lui sur les pas de son ennemi, qui, tout en fredonnant un gai refrain, descendait la rue obscure et déserte, et se dirigeant vers le quai.

Notre personnage à la croix d'honneur n'était autre que le gros-major d'un régiment de dragons caserné à Saint-Sever, entendant derrière lui des pas précipités, tourna la tête machinalement, et reconnut Alexis dans l'homme qui l'abordait la tête haute et le regard menaçant.

— Que me voulez-vous ? interrogea le militaire avec dédain. — Vous demander compte de vos injures, monsieur. — Je n'ai pas pour habitude d'en rendre à des gens de votre espèce. Arrière donc, chevalier du lansquenet, et laissez le chemin libre aux gens d'honneur qui n'ont rien à démêler avec les êtres de votre espèce. — Monsieur, ni vous ni moi n'avons d'armes en ce moment ; cependant on peut s'en procurer, au petit jour... — Je comprends ; mais pour me battre je choisis mon monde, et tout ce que je puis faire pour vous, est de vous casser cette canne sur le dos. — Insolent ! s'écria Melville, qui, dans le paroxisme de la colère, s'élança sur le major afin de lui arracher le bâton que ce dernier levait sur lui. — Arrière, te dis-je, fripon ! répliqua le militaire en reculant d'un pas, pour ensuite asséner sur la tête d'Alexis un violent coup de canne dont ce dernier essaya vainement de parer, et dont la violence le renversa sur le pavé.

Lorsqu'Alexis, à peu près remis de son évanouissement, se fut relevé la tête fendue, en proie à une vive souffrance, le visage ensanglanté, le major avait disparu.

Ce fut donc en se traînant péniblement que l'époux d'Alice se dirigea vers sa demeure, où, muni d'une clé, il pénétra en silence et gagna sa chambre assez à temps pour tomber évanoui sur son lit.

Il était huit heures du matin lorsque la vieille servante en entrant, selon son habitude de chaque jour, dans la chambre de Melville, trouva ce dernier assis sur son lit, le visage tout couvert de sang et pâle comme un trépassé.

— Silence ! gardez-vous d'éveiller ni d'instruire ma femme de ma position, fit Melville d'une voix faible. — Suffit, monsieur ; mais, doux Jésus, que vous est-il arrivé, que vous voici tout pâle, malade et sanglant ? s'informa, tremblante, la bonne femme. — Un guet-apens, cette nuit, en revenant ici, des malfaiteurs qui m'ont attaqué, frappé... Mais je souffre ; je suis gravement blessé. — En effet ! à la tête ; une affreuse blessure encore béante. Monsieur, laissez-moi aller chercher le médecin au plus vite. — Non, fit Alexis vivement ; seulement, lavez cette plaie, bandez-la d'un linge, et ensuite retournez en paix à votre ouvrage.

La servante obéit, mais non sans frémir, en contemplant, sous le sang caillé qu'elle venait d'enlever, cette large et profonde plaie, qui laissait le crâne à nu.

A peine le pansement était-il terminé, que se fit entendre la sonnette de la porte de la rue. Melville donna ordre d'aller ouvrir, mais de dire qu'il était absent, n'importe à qui le demanderait.

La servante s'empressa donc, mais pour remonter un instant après, munie d'un papier qu'un homme venait d'apporter, et qu'elle remit à Melville, qui se hâta de l'ouvrir pour aussitôt pâlir encore plus, après en avoir parcouru les premières lignes.

Quel était donc ce papier ?

Une signification faite à Melville, de par le procureur du roi, de se rendre le jour même dans son cabinet.

— Quoi ! ils m'ont déjà dénoncé, murmura Alexis demeuré seul, Alexis effrayé, anéanti. Non, je n'irai pas, je n'attendrai pas que la justice m'atteigne ; je veux fuir aujourd'hui même, reprit-il en essayant de se lever de dessus le lit, où l'extrême faiblesse, occasionnée par la grande quantité de sang qu'il avait perdue, le fit retomber lourdement. Quoi! serai-je donc condamné à attendre ici que les suppôts de la justice viennent m'arrêter, et par leur présence tout révéler à ma femme? Oh! non, à tout prix, il faut quitter cette ville maudite.

Et cela dit, Melville fit de nouveaux efforts pour se lever; mais ses jambes refusant de le porter, à peine eut-il mis les pieds à terre qu'il s'affaissa et roula sur le parquet au moment même où sa femme entra dans sa chambre.

Au bruit que fit cette chute, Alice, effrayée, poussa un cri.

— Ne craignez rien, Alice, c'est moi, moi qui, pris d'étourdissement, viens de tomber, mais sans me faire aucun mal. De grâce, ma chère, venez m'aider à m'asseoir sur un siège. — Vous êtes malade, monsieur, et vous ne me faisiez pas appeler? fit la jeune femme du ton du reproche, tout en s'empressant d'aider Alexis à se relever. — Alice, asseyez-vous près de moi, et veuillez m'entendre, reprit le mari d'une voix faible et émue. — Je vous écoute, parlez. — Alice, je vous dois la vérité : Sachez donc qu'hier soir, étant sorti après votre coucher, pour me rendre dans une maison où m'appelait une affaire importante, une fâcheuse rencontre que j'y ai faite a occasionné une vive querelle dont les conséquences ont amené un duel qui, ce matin, a eu lieu au point du jour. — O ciel, un duel! auriez-vous été blessé? s'informa vivement Alice. — Légèrement, mais mon adversaire a payé de sa vie son audace et son insolence. — Grand Dieu! vous avez tué cet homme? — Je l'ai tué, et maintenant, pour échapper à la justice, il me faut fuir aujourd'hui même, sous peine de me voir arrêté, séparé de vous. Répondez, Alice, voudriez-vous me suivre? — Pouvez-vous le demander, et mon titre d'épouse ne m'en fait-il pas un devoir? — Je n'attendais pas moins de votre soumission, ma chère, vous dont la douce vertu, l'âme bonne et oublieuse, ont daigné me pardonner un coupable passé. — Parce que vous-même, Alexis, vous avez été bon envers moi, parce que vous êtes devenu un époux aussi tendre que charitable pour la pauvre aveugle, qui ne demandait pas mieux que d'être aimée pour aimer à son tour, répondit Alice en entourant de ses bras le cou d'Alexis. — Tu m'aimes, chère enfant. Ah! que ce mot me fait de bien! Tu m'aimes, et pourtant je t'ai ravi bonheur et fortune, ravi à tes uniques amours. — Oh! ne parlons plus de cela, Melville, fit Alice émue; parlons plutôt de votre sûreté, du danger qui vous menace, et auquel il vous faut échapper. — En effet, car le temps presse et chaque instant me menace, reprit Alexis en essayant de se relever, mais que la douleur et la faiblesse firent retomber sur son siège, pâle et presque inanimé en murmurant ces mots : — Hélas! fuir, je n'en ai plus la force.

Ce fut alors qu'Alice, horriblement effrayée, et s'apercevant que son mari venait de perdre entièrement connaissance, s'empressa de courir à la porte de la chambre pour appeler à son aide la vieille servante, lorsque Flandin et sa femme, qui venaient la visiter, ainsi qu'ils en avaient fait la promesse la veille, se présentèrent.

— Bon Dieu! qu'avez-vous, ma chère Alice, comme vous paraissez agitée? fit Flandin. — Ah! c'est le ciel qui vous envoie à mon secours, s'écria Alice en s'emparant de la main de Flandin pour l'introduire dans la chambre.

En apercevant Melville inanimé, les époux visiteurs poussèrent un cri de surprise et d'effroi, et Flandin s'empressa aussitôt de courir au malade, afin de lui porter secours.

— Quelle horrible blessure! s'écria Frigolette en voyant la tête de Melville, que la chute du bandeau laissait découverte. — En effet! le sang s'en échappe!... Il faut un chirurgien au plus vite, je cours le chercher, dit Flandin pour s'échapper aussitôt, et revenir un quart-d'heure après, tout soucieux, accompagné de l'homme de l'art, lequel, après avoir examiné la plaie, la déclara des plus sérieuses.

A force de secours, Alexis reprit ses sens, mais non sa raison, car un affreux transport s'empara de lui. Ce fut alors que le malheureux, dans un langage révélateur, occasionné par la fièvre qui le dévorait, dévoila, en présence de sa femme, de Flandin et de Frigolette, toute l'affreuse vérité, qu'il fit connaître la coupable industrie à laquelle il se livrait depuis deux ans, dans l'espoir de rétablir la fortune de sa femme, industrie honteuse qui déjà lui avait valu d'être expulsé de l'Angleterre et de la Hollande, à laquelle encore il était redevable de l'affreuse blessure qui, en ce moment, mettait sa liberté et ses jours en danger.

Et devant ces révélations accablantes, Alice, désespérée, courbait la tête et versait des flots de larmes.

— Allons, du courage, pauvre martyre, dit Frigolette en enlaçant de ses bras caressants le corps délicat de la jeune aveugle. — Mon Dieu, il ne manquait donc plus que le déshonneur pour que mon malheur fût à son comble. Hélas! moi, moi, la femme d'un voleur, d'un homme que la justice réclame! honte et fatalité! s'écria Alice au désespoir. — Du courage, du courage, pauvre femme, dit Flandin. Frigolette, emmène-la, et surtout veille bien sur elle, reprit-il.

Les deux femmes s'éloignèrent, laissant seul, auprès de Melville, le curieux Flandin, avide de saisir les paroles incohérentes, les révélations que le délire arrachait au malade.

Le soir vint, et avec lui le calme et le retour à la raison pour le pauvre Alexis, qui, en ouvrant la paupière, n'aperçut auprès de lui que Flandin à moitié endormi, et qu'il éveilla en l'appelant d'une voix éteinte.

— Où est ma femme, ami? s'informa le malade. — Dans sa chambre, en compagnie de la mienne, répondit Flandin. — Hélas! j'espérais, à mon réveil, trouver Alice à mon chevet. — Elle y était en effet, mais... mais... — Eh bien! que signifie ces mots, mais... mais... — Serait-il arrivé malheur à Alice? — Pas le moindre; mais les fâcheux propos qui te sont échappés durant ce que tu appelles ton sommeil, et qui trahissaient d'un délire furieux, ont tellement effrayé, affligé la pauvre Alice, qu'elle s'est enfuie, épouvantée et en larmes. — Flandin, qu'ai-je dit? parle, je t'en supplie? fit Alexis inquiet. — De fâcheuses révélations, mon cher, qui ont dévoilé à la femme certaine industrie des moins honorables, auxquelles, à t'en croire, tu aurais la faiblesse de te livrer. Voyons, Melville, parle avec franchise. Se pourrait-il, malheureux, que tu aies oublié l'honneur au point d'être devenu un chevalier d'industrie, un grec, un filou au jeu?... Tu ne me réponds pas, tu baisses les yeux. Prends garde, Melville; ta femme a entendu tes terribles aveux, le rouge lui en est monté au front; prends garde, te dis-je, car si les paroles, les secrets que chez toi a entendus dans le délire une vérité, tu ne devrais plus attendre d'Alice que mépris et abandon. Melville, reprit Flandin, dis-moi donc que tu divaguais, et que pour être ou avoir été un aimable mauvais sujet, tu n'as pas pour cela oublié l'honneur, que tu ne t'es pas avili au point de faire mourir de désespoir la malheureuse Alice, cette femme que tu as ravie à ses plus chères amours, dont tu as dévoré la fortune en lui donnant pour rivale une lorette éhontée? Réponds, Melville, réponds! — Oui, j'y consens; mais avant, dis-moi toi-même, Flandin, si Alice aime encore Etienne? demanda Melville avec effort. — Diable! mais tu m'interroges là sur un point terriblement délicat. — De grâce, parle avec franchise et sans crainte, car, quelle que soit ta réponse, mon cœur d'avance pardonne et excuse Alice. — Eh bien! franchement, je pense que le souvenir dudit Etienne Raboulenq n'est pas tout à fait indifférent à la pauvre femme; car enfin, tu dois comprendre, Alexis, qu'un premier amour est chose si douce, si précieuse pour le cœur de seize ans, qu'il n'y renonce pas facilement. — Flandin, Etienne aime-t-il toujours Alice? — Toujours!... Mais pourquoi ces questions? — En sorte que si je mourais, l'unique obstacle du bonheur de ces amants, il se pourrait encore qu'ils devinssent heureux et époux? — Ah! mais tu m'en demandes beaucoup plus que je n'en sais, et, à fin de compte, à quoi bon toutes ces questions? fit Flandin avec impatience. — Tu le sauras, mais fais venir ma femme, et laisse-moi seul un instant avec elle. — Fort bien! surtout ne va pas t'armer de la confidence hasardeuse que je viens de te faire pour lui chercher noise. — Ne crains rien, et hâte-toi, fit Melville épuisé, en laissant retomber sa tête sur l'oreiller.

Flandin sortit donc pour remplir le désir du malade, dans la chambre duquel un instant après se présentait Alice, pâle, faible et tremblante.

— Vous avez désiré me parler, monsieur? dit la jeune femme. — Oui, Alice; approchez-vous sans crainte, et veuillez m'entendre.

Alice obéit en venant s'asseoir au chevet de son mari, à qui, en ce moment, elle n'offrait qu'un visage froid et impassible.

— Alice, je n'abuserai ni de votre temps, ni de votre patience; mais, avant de mourir, j'ai désiré vous voir, afin d'implorer de votre clémence un pardon généreux..... — Mourir! y pensez-vous? votre mal est-il donc si dangereux, monsieur, qu'il vous mette en danger de mort?— J'en ai le pressentiment, Alice; aussi, comme il me serait pénible, affreux même de quitter ce monde en emportant votre mépris, dites que vous me pardonnez tout le mal que je vous ai fait; promettez que vous ne maudirez pas ma mémoire, que vous donnerez une larme à mon souvenir. — Hélas! quel langage, et pourquoi désespérer ainsi?... Espérez, vivez, Alexis, oui, vivez pour vous repentir et réparer un coupable passé. Dieu est bon, indulgent; devant lui, le plus grand pêcheur trouve miséricorde. — Merci, Alice, merci de la douce espérance que vous daignez faire descendre dans mon cœur. Oui, je le crois comme vous, le ciel, prenant en pitié mon repentir, daignera me pardonner; mais serez-vous moins indulgente que lui? — Alexis, reprit Alice avec froideur et dignité, vous avez été longtemps pour moi un homme injuste et cruel, un mari infidèle et prodigue. Eh bien! il n'a fallu de votre part que l'expression du repentir, des soins attentifs et charitables à mon égard, pour me faire tout oublier et pardonner; mais aujourd'hui, puis-je aussi facilement effacer de ma mémoire les actes coupables que m'a révélés votre délire? Alexis, répondez, au nom du ciel! êtes-vous devenu indigne de l'estime des hommes, en vous livrant à la honteuse profession dont vos lèvres, cette nuit, ont laissé échapper l'affreuse révélation? — Alice, n'exigez ce moment nul aveu dont j'aie à rougir, et attendez à demain. Aujourd'hui seulement, jurez-moi que, docile et fidèle à ma volonté, vous deviendrez l'épouse d'Etienne Rabouleau un an après ma mort.... Ah! ne rougissez pas, car le secret de votre cœur m'est connu; vous aimez, pauvre femme, vous aimez encore celui à l'amour de qui je vous ai lâchement ravie. Eh bien! soyez heureux ensemble, ne maudissez pas ma mémoire, et quelquefois priez tous les deux pour le repos de mon âme. Maintenant, éloignez-vous, Alice, je veux être seul, et dans une heure envoyez ici Flandin, dont la présence me sera nécessaire.

Alice, d'après cette volonté, se leva lentement de son siège et quitta la chambre où Alexis, resté seul, s'empressa de prendre une plume, un papier placé sur la table de nuit, pour y tracer ces mots d'une main tremblante et les yeux voilés par les larmes :

« Ma vie n'étant plus pour Alice Blangi, ma femme, qu'un sujet de honte et un obstacle à son bonheur, afin de lui rendre la liberté que je lui ai lâchement ravie, je mets fin à mes jours, en demandant grâce à elle et aux hommes du mal que je leur ai fait. »

Il y avait à peine une heure que cet écrit était tracé, lorsqu'en rentrant dans la chambre, Flandin recula d'épouvante en y retrouvant Melville sans vie et percé de plusieurs coups d'un poignard encore planté dans sa poitrine.

XVII — INCIDENTS DIVERS

Huit ou dix jours après la mort d'Alexis Melville, une chaise de poste entrait dans la cour de l'hôtel de la rue de Londres; de cette voiture descendit Alice, vêtue de deuil, puis Flandin et Frigolette. A peine la jeune veuve eut-elle mis pied à terre, que deux bras amis, ceux de la mère Rabouleau, l'enlacèrent avec tendresse pour l'emporter au salon et la déposer précieusement sur le siège moelleux; puis, après s'être assise à côté d'Alice, que la bonne femme contemplait avec joie en lui pressant tendrement les mains, elle s'écria :

— Enfin, vous nous êtes donc rendue, chère enfant, après deux ans d'absence, vous que nous croyions perdue à jamais; oui, vous voilà libre et toujours belle? ah! que le bon Dieu en soit loué mille fois! Et en parlant ainsi, la mère Rabouleau, joyeuse, couvrait de douces caresses le visage et les mains d'Alice. — Ah! combien je me sens heureuse, bonne mère, de vous revoir et de vous entendre; mais, hélas! que vais-je devenir, moi, pauvre aveugle, désormais sans ressources, et qui ne peut vous être d'aucune utilité? Puis-je et dois-je rester à votre charge? Oh! non. J'espère en vous, en votre bon secours, pour m'aider à me faire ouvrir une de ces maisons publiques et charitables, refuge des malheureux infirmes. — Hein! que parlez-vous, chère fille, de maison de charité? plus souvent!... Oh! je puis parler maintenant que votre bourreau n'est plus là pour vous torturer et vous ruiner; sachez donc, chère Alice, que vous êtes riche une seconde fois, grâce à la sage précaution de feu votre respectable aïeule qui, en mourant, m'a fait la dépositaire de sa fortune pour vous la remettre le jour où vous pourriez en jouir sans qu'elle devienne la proie de votre débauché et prodigue mari. Alice, sachez donc que vous possédez aujourd'hui quinze mille francs de rentes en bons du Trésor, plus cet hôtel que j'ai acheté à votre mari avec l'argent qu'Etienne et moi nous avons sauvé de votre première fortune, en le soutirant à Melville ainsi qu'à sa Régina. — Assez, assez, bonne mère, car toute ma reconnaissance ne suffira pas pour m'acquitter de tout le bonheur dont je vous suis redevable. Quoi! je suis riche encore? Oh! tant mieux, car alors vous l'êtes aussi, puisque ma fortune devient la vôtre aujourd'hui; oui, ajouta Alice, à vous, bonne mère, ma reconnaissance, mon respect, mon amour et tout ce que je possède. — Merci, merci, ange du bon Dieu; mais garde ton bien, chère enfant, car ton amour et le titre de mère que tu me prodigues me récompensent au-delà de tout. Alice, sois heureuse, ma chérie, heureuse désormais, ainsi le veut le ciel qui t'a ôté un méchant mari. — Hélas! pitié pour Melville, pour celui qui, se croyant un obstacle à mon bonheur, s'est donné volontairement la mort, après m'avoir demandé pardon du mal qu'il m'avait fait. Pardonnez donc aussi, bonne mère, à celui à qui j'ai pardonné. — Eh bien, j'y consens, oublions-le, qu'il n'en soit plus question, et ne pensons désormais qu'à être heureux et contents.

Au même instant, comme la marchande terminait ces dernières paroles, entraient Etienne et Flandin; Etienne, qui, ayant appris l'arrivée et le veuvage d'Alice, accourait joyeux pour tomber aux pieds de la jeune veuve, s'emparer de sa main, puis la couvrir de larmes et de caresses.

— C'est vous, mon ami, vous? Etienne? Oh! soyez le bienvenu auprès de votre ami d'enfance, dit Alice émue et tremblante en laissant tomber sa tête sur l'épaule du jeune homme. — Alice, chère Alice! tu es donc libre enfin? Ah! dis, dis, m'aimes-tu encore? Veux-tu, en devenant ma femme bien-aimée, me rendre le plus heureux des hommes? demandait Etienne. — Silence, Etienne, car il ne m'est pas permis d'entendre un pareil langage, fit Alice. — Certainement, tu vas trop vite, mon garçon, tu n'observes pas assez les convenances; tu oublies donc qu'il y a huit jours à peine que la pauvre enfant est veuve?... Allons, allons! ne te chagrine pas; attends et espère! dit à son tour la mère Rabouleau à son fils. — Oui, espère, dit Flandin, car la bonne Alice n'a pas cessé de t'aimer, et, comme dit fort bien le proverbe : Tout vient à point pour qui sait attendre.

Deux mois après le retour d'Alice à Paris, et comme Etienne sortait assez tard de l'hôtel de la rue de Londres, où il venait de passer la soirée auprès d'Alice, de Frigolette et de Flandin, une main vint par derrière se poser sur son épaule et lui faire tourner la tête pour reconnaître Régina dans le personnage dont l'attouchement venait d'interrompre sa rêverie et ses pas.

A la vue de sa maîtresse, Etienne de pâlir et de rougir successivement; mais, se remettant aussitôt :

— Vous? fit-il à Régina du ton de la surprise. — Oui, moi. Mais toi, d'où viens-tu, Etienne, depuis plus de deux mois que tu n'es venu me visiter, ingrat? — Je sors de l'hôtel, où une mission de ma mère m'a amené. Quant à la longue absence dont tu te plains, pardonne, Régina, mais d'importantes affaires ont tellement employé mon temps.... — Qu'il t'a été impossible de disposer d'un instant en ma faveur, pas même pour venir m'annoncer qu'Alice est de retour à Paris depuis deux mois, que, riche de nouveau de l'héritage de son aïeule, elle est rentrée dans l'hôtel d'où ta mère a chassé Melville, après l'avoir exproprié, dans cet hôtel d'où tu sors en ce moment, dans lequel tu te rends chaque jour afin d'y faire ton humble cour à la veuve d'Alexis, auprès de qui, infâme! tu oublies que tu es mon amant, que je t'aime, et qu'il ne me plaît pas, à moi, que tu aies une autre maîtresse, une autre femme que Régina. — Allons donc! pas d'emportement ma chère; prends mon bras, marchons, puis écoute: Oui, Alice, toujours belle et bonne, vient de m'être enfin rendue; Alice m'aime encore, et me fait espérer d'être un jour son époux... Oh! ne t'agite pas ainsi, impatiente et tremblante, et consens à m'entendre jusqu'au bout, Régina. — Va donc, je t'écoute, répondit la lorette en proie à un violent dépit auquel elle sacrifiait de superbes manchettes de point d'Angleterre que, tout écoutant, elle déchirait impitoyablement. — Régina, reprit Etienne, je ne veux pas te tromper plus longtemps. Oui, j'ai retrouvé Alice, et, à sa vue, dans mon cœur s'est réveillé avec plus de force que jamais, l'amour que cet ange martyr a su m'inspirer dès notre tendre jeunesse. — Alors, tu ne m'as donc jamais aimée, moi? s'écria Régina frémissante de colère, et tous les serments d'amour que tu m'as fait entendre, toutes les caresses que tu m'as prodiguées n'étaient alors que mensonges et impostures? — Non! mais l'expression de la passion, du délire que tes charmes savent si bien inspirer, car tu es belle et bien dangereuse, Régina, au point de désarmer la colère, de métamorphoser la haine en amour, de faire oublier, sous tes voluptueuses étreintes, la vengeance, la foi jurée, l'honneur même! — Beau sire, assez de vains détours comme cela, et arrivons franchement au but que vous vous proposez, celui de rompre avec moi pour mieux vous livrer à votre amour pour Alice. Ainsi donc, je n'ai été pour vous qu'un pis aller, une espèce d'intermède destiné à récréer votre cœur et vos sens. Savez-vous, Etienne, que ceci est une insulte pour une femme qui, ayant pris vos serments au sérieux, vous aimait d'amour sincère. — Ainsi donc, Régina, vous espériez sérieusement en cet amour partagé? Ainsi la maîtresse salariée du comte russe Soubaroff osait prétendre à l'amour pur et désintéressé que seule est digne d'inspirer Alice. Folie!... mais comme on ne peut haïr ceux qui nous ont aimé, quels que soient leurs torts ou leur faiblesse, c'est pourquoi, en cessant d'être votre amant, je veux, Régina, demeurer votre ami... Eh bien! que pensez-vous de cette résolution? — Qu'elle est toute gracieuse et honorable pour moi, répondit Régina en souriant avec ironie; mais à cette rupture que vous exigez et que vous espérez sans bruit ni scandale, je mets une condition, c'est que ce soir, à minuit, vous viendrez me faire vos adieux dans ma chambre à coucher, dont je laisserai, comme de coutume, la fenêtre du cabinet entre ouverte. — Ce que vous demandez là, Régina, est désormais impossible. — Vous viendrez, Etienne. — N'y comptez pas. — Vous y viendrez, vous dis-je, si mieux vous ne préférez que demain, sans plus tarder, Alice apprenne par ma voix qu'Etienne Rabouleau, ce prétendu modèle de vertu et de constance, dont l'amour et les caresses doivent la consoler des souffrances d'un premier hymen, est depuis deux ans l'amant heureux de Régina, l'ex-maîtresse de son premier mari. — Vous n'oseriez, Régina, risquer un semblable aveu, ou alors malheur à vous, car le comte Soubaroff apprendrait à son tour que vous fûtes ma maîtresse. — Que m'importe! d'ailleurs, il ne vous croirait pas, et moi, d'un mot, je puis vous tuer dans le cœur d'Alice. Réfléchissez donc, Etienne, et gardez-vous d'oublier que je vous attends chez moi dans une heure.

Cela dit, Régina quitta brusquement le bras d'Etienne pour s'élancer sur le marteau de la porte de l'hôtel du prince russe, vers lequel ils s'étaient dirigés tous deux à pas lents et tout en causant.

— Oh! cette femme! elle le fera comme elle le dit, et la révélation de mon inconstance me privera à jamais de l'amour d'Alice. Ainsi voilà donc que commence le tourment, la punition de ma lâche conduite, de ma faiblesse impardonnable. Moi, moi, m'être fait l'amant d'une Régina, de l'ennemie d'Alice, d'Alice qui m'aime et que je dis aimer! Oh! lâcheté! lâcheté!

Et comme Etienne disait ainsi en se promenant dans la rue, la demie après onze heures se fit entendre aux horloges du quartier.

— A minuit, m'a-t-elle dit, reprit le jeune homme. Céderai-je à la volonté de cette femme? Oui, car elle me perdrait dans l'esprit d'Alice... Mais quel est son but, que veut-elle de moi? et pourquoi ce rendez-vous? Pense-t-elle donc que je consente à être tout à la fois, ainsi que l'était Melville, son amant et l'époux d'Alice! Oh! jamais! jamais!

Encore une demi-heure d'attente passée en pénibles réflexions, et entendant sonner minuit, Etienne, en longeant une ruelle, atteignit le mur du jardin situé derrière l'hôtel du comte russe, et là, tirant une clé de sa poche, notre jeune homme ouvrit une petite porte, puis pénétra dans le jardin où se trouvait situé un coquet pavillon servant de demeure à Régina, délicieux séjour embelli par le comte russe en faveur de sa maîtresse, et dans lequel cette dernière recevait Etienne les nuits que cet infidèle amant d'Alice venait passer auprès d'elle, lorsque le comte Soubaroff était absent ou en voyage.

Laissons pour un instant Etienne longer à bas bruit les allées du jardin, et revenons à Régina, que nous retrouvons en ce moment dans le pavillon du jardin, en compagnie du comte Soubaroff.

— Oui, cher comte, malgré votre raillerie, votre incrédulité, je vous le répète, je meurs de peur dans ce pavillon et n'y veux plus rester.

Ainsi disait Régina en jouant la frayeur, en cachant câlinement sa belle tête dans le sein du seigneur russe, qui, tout en riant de sa frayeur, la pressait avec amour dans ses bras, en l'accusant de folie.

— Encore une fois, monsieur, reprit Régina avec humeur et fermeté, je soutiens avoir vu hier, de ma fenêtre, un homme rôder dans le jardin, puis, parvenu à ce pavillon, essayer d'en ouvrir la porte; telle est la cause qui m'a fait vous prier de venir ici passer cette nuit avec moi, et d'apporter vos pistolets. — Afin de tuer le prétendu voleur, ce à quoi je ne ferais pas défaut s'il osait se présenter, répliqua le comte en riant. — Chut! silence! fit Régina en prêtant l'oreille; n'entendez-vous pas de bruit dans ce cabinet? — En effet, dit le comte en prenant ses pistolets sur la table. Régina, entrez dans cet autre cabinet, tandis que je vais recevoir ici notre visiteur nocturne. — Comte, point de pitié; tuez-le sans miséricorde avant qu'il n'ait eu le temps de vous attaquer le premier.

Cela dit, Régina s'enfuit dans le cabinet indiqué, s'empressant de fermer derrière elle la porte dont un simple rideau de soie masquait le vitrage, et le comte russe, resté seul, se retira derrière les rideaux d'une alcôve située en face de la porte du cabinet qui servait de refuge à Régina.

A peine ces derniers s'étaient-ils retirés dans leurs cachettes, que la porte de la chambre s'ouvrit doucement et qu'Etienne se présenta. — Elle n'y est pas encore, murmura le jeune homme en voyant la pièce déserte. Si je profitais de son absence pour prendre dans ce meuble les lettres que je lui ai écrites et qu'en ma présence elle y a déposées.

Et cette pensée venue, Etienne s'était approché du meuble pour essayer d'en ouvrir le tiroir, lorsqu'un coup de pistolet se fit entendre et qu'un cri de mort partit du cabinet, dont une balle, qui venait de siffler à l'oreille d'Etienne, avait brisé la vitre.

— Trahison! s'écria Etienne en se retournant et apercevant le comte russe qui l'ajustait avec son second pistolet, et sur lequel le jeune homme se précipita au moment où le coup partait pour aller briser une glace. Mille Dieux! depuis quand, monsieur le comte, fusille-t-on ainsi un amant en bonne fortune, demanda vivement Etienne au comte qu'il venait de terrasser et qu'il tenait captif sous son genou. — Vous, un amant! la preuve, la preuve! s'écria le comte. — Parbleu! quelle autre preuve puis-je donner que ma parole d'honneur d'honnête homme? — Si ce que vous me dites est vrai, malheur à l'infidèle, car je la fais mourir sous le knout. — Mourir, dites-vous? hélas! à en juger par le cri que je viens d'entendre pousser dans ce cabinet, je crains bien que cela ne soit déjà fait. Voyez, monsieur le comte, la balle que vous me réserviez, en passant par cette vitre, aura dû tuer la femme odieuse qui, avide sans doute de me voir assassiner, devait épier ce crime derrière ce rideau.

En parlant ainsi, Etienne aidait le Russe à se relever, et tous deux, d'un commun accord, se précipitèrent dans le cabinet où ils aperçurent Régina sanglante, prête d'expirer et couchée sur le parquet.

— Comte, dit-elle d'une voix faible, ce jeune homme est innocent; c'est moi, dont il repoussait l'amour, qui, pour me venger de ses dédains, l'ai attiré ici, afin qu'il y fût tué par vous... Etienne, Soubaroff, je meurs, pardonnez-moi.

Ces paroles achevées, Régina poussa un faible cri et expira.

Ainsi se termine cette véridique histoire, car il ne nous reste plus à dire qu'une chose, que le lecteur a sans doute déjà devinée, c'est que dix mois après la mort de Régina, Etienne devint l'heureux époux d'Alice.

VERSAILLES. — IMPRIMERIE CERF, 59, RUE DU PLESSIS.

www.ingramcontent.com/pod-product-compliance
Lightning Source LLC
Chambersburg PA
CBHW060502050426
42451CB00009B/780